내 삶의 좌우명

옴니버스 인생 책쓰기 1편
47인의 인생 교훈 모음집

삶을 더욱 열정적이고
행복하게 살고 싶은 당신에게
이 책을 전합니다

47인 지은이

우경하 이은미 조유나 변재희 임려원
김지민 박선희 조경숙 이상심 박준오
문건주 김태진 조대수 조영금 양승권
서원준 양선 이채민 강다희 민진기
문정훈 임종호 조경희 조선자 김지애
김해경 박은란 이대강 박준미 조수현
오순덕 김효승 신화옥 정춘영 조수아
최정애 이성진 진남숙 정진화 김정민
황진희 정영광 권은주 윤정순 구자란
박선주 김미경

내 삶의 좌우명

2쇄 발행   2024년 11월 01일

지은이 소개_
우경하 이은미 조유나 변재희 임려원 김지민 박선희 조경숙 이상심 박준오 문건주
김태진 조대수 조영금 양승권 서원준 양선 이채민 강다희 민진기
문정훈 임종호 조경희 조선자 김지애 김해경 박은란 이대강 박준미 조수현 오순덕
김효승 신화옥 정춘영 조수아 최정애 이성진 진남숙 정진화 김정민 황진희 정영광
권은주 윤정순 구자란 박선주 김미경

펴낸이_ 김동명
펴낸곳_ 도서출판 창조와 지식
디자인_ 우경하, 정은경 & (주)북모아
인쇄처_ (주)북모아

출판등록번호_ 제2018-000027호
주소_ 서울특별시 강북구 덕릉로 144
전화_ 1644-1814
팩스_ 02-2275-8577
ISBN_ 979-11-6003-803-3 (03190)
정가 18,000원

이 책은 저작권법에 따라 보호받는 저작물이므로
무단 전재와 무단 복제를 금지하며
이 책 내용을 이용하려면 반드시 저작권자와
도서출판 창조와 지식의 서면동의를 받아야 합니다.
잘못된 책은 구입처나 본사에서 바꾸어 드립니다.

내 삶의 좌우명

옴니버스 인생 책쓰기 1편
47인의 인생 교훈 모음집

지은이 소개 1

1. 우경하 : 나연구소 대표, 한국자서전협회장
2. 이은미 : 한국미래평생교육원장, 오색그림책방 대표
3. 조유나 : 유나리치. 인카금융서비스 대표, 한국개척경업컨설팅연구소 대표
4. 변재희 : 제이에스 대표, 원금융 서비스 본부장
5. 임려원 : 모은상담심리연구소, 마음자람심리센터 공동소장
6. 김지민 : 착한보험지민리치연구소 대표, 법인마케팅 이사
7. 박선희 : 더원인재개발원 대표, (주)ESG경영연구원 이사
8. 조경숙 : 경기대학교 상담학 박사, 수원생명의전화 원장
9. 이상심 : 경기대학교 상담학 박사, 마음쉼터심리상담센터 대표
10. 박준오 : 멜리에스(Melise) CEO, (주)유퍼스트 포항지점 지점장

지은이 소개 2

11. 문건주 : 마음쉼터평생교육센터 이사, 이천청년정책발전소 임원
12. 김태진 : 베에프코리아(주) 대표이사, 한국지식컨텐츠진흥원 이사
13. 조대주 : 백년멘토(주) 대표, 화신사이버대학 교수
14. 조영금 : 시니어 강사 1인 기업 대표, 실버체조 지도사
15. 양승권 : 인카금융서비스 리치웨이사업단 대표, 부동산전문 법인 Y&S 이사
16. 서원준 : 원준몰 대표, ㈜에이플러스에셋 어드바이저 원플러스 사업단 지점장
17. 양 선 : 여여나무연구소, 부산진구 봉사센터 가야2동 캠프장 5년차
18. 이채민 : 유퍼스트 보험설계사, CS 강사
19. 강다희 : 한일초등학교 중국어강사, DB손해보험 로얄매니저
20. 민진기 : 유퍼스트보험마케팅(주) 태화지사 3본부장, 우리는 인생설계사 [공저] 저자

지은이 소개 3

21. 문정훈: 박물관을 사랑하고, 박물관에서 일하는 사람
22. 임종호: 유퍼스트보험마케팅(주) 설계사, 증권투자상담사
23. 조경희: 한국자서전협회 부천지부장, 연진 사주 타로 대표
24. 조선자: 우리카드 하반기 우수상 수상, 유퍼스트보험마케팅(주) 태화3본부 지점장
25. 김지애: 보험회사 지점장
26. 김해경: 유퍼스트보험마케팅(주) 태화지사 지점장, 잘 나가는 보험 전문가 "보장분석이야기" 출판
27. 박은란: 재능교육(주)교사, 광주고용센터 취업지원과
28. 이대강: 쿠팜창업w성공연구소, 이대강플라워 대표
29. 박준미: 보험 설계사
30. 조수현: 큰사람(Global Version) 대표, 지방자치단체 민방위 강사

지은이 소개 4

31. 오순덕: 한글만다라 대한민국 1호 강사, 서울시 교육청 부모 행복교실 강사
32. 김효승: ABA금융서비스 진심 보험설계사
33. 신화옥: 사회복지사, K뷰티봉사회 이사, 유퍼스트보험
34. 정춘영: 보험설계사, A+에셋 소속
35. 조수아: 보험조아 부동산조아 대표, 글로벌금융 조아지점 지사장
36. 최정애: 인포금융서비스 팀장
37. 이성진: 자동차 부품개발 성진테크대표, 유퍼스트 보험마케팅 보험설계 및 보상 팀장
38. 진남숙: 웅진코웨이 영업, 카드 설계사, 보험설계사
39. 정진화: 유퍼스트보험마케팅(주) 태화지사 지점장
40. 김정민: 현)설계사 사회복지사2급, 1급심리분석사, 안전교육지도사

지은이 소개 5

41. 황진희: 보험설계사, 인카금융서비스 소속
32. 정영광: 인카금융서비스 지점장, 한국개척영업컨설팅연구소 강사
43. 권은주: 주)에이플러스엣셋 성공사업단장
44. 윤정순: 유치원 원장, 한국사립유치원 경기도연합회장(전)
45. 구자란: 23년 차 문화유산해설가, 우리궁궐길라잡이·조선왕릉길라잡이
46. 박선주: 거북이영어 대표, 하잉RTA 선교회 연구원
47. 김미경: 인카금융서비스(주) 린치핀사업단 재직 중

프롤로그

이 책은 좌우명을 주제로 47명이 함께 쓴 공동 저서다. 주요 내용은 좌우명의 의미와 그 좌우명을 가지게 된 스토리다.

책의 기획 목적은 여러 사람의 좌우명과 그 이야기를 통해 인생 이야기를 담는 것이다. 우리는 다양한 경험을 하면서 세상을 살고 배우고 지혜를 얻는다.

좌우명이란 내 삶의 방향을 잡아주는 나침판이자 힘들고 어려울 때 극복하게 도움을 주는 길잡이 같은 존재다.

나 또한 수시로 내 좌우명을 떠올리며 삶의 의미와 나아가야 할 방향을 찾는다.

우리는 희로애락, 우여곡절, 산전수전 등을 경험하면서 인생을 살아간다. 경험을 통해 배운 것을 누군가에게 나누는 일은 참으로 기쁘고 보람 있는 일이다.

우리의 책을 보면서 여러분의 좌우명도 다시금 찾아보고 정리해 보는 시간이 되길 바란다. 우리의 이야기가 세상을 밝히는 한줄기 빛이 되길 희망하면서 우리의 리얼한 좌우명 이야기를 시작한다.

목차

프롤로그　　-14

1장. 소중한 나 찾기　　-17
2장. 나에게 솔직해지기　　-59
3장. 긍정의 힘　　-101
4장. 나답게 살아가자　　-143
5장. 생각한 대로 이루어진다　　-185

에필로그　　-214

1장

소중한 나 찾기

우경하

1.

❏ 소개
1. 나연구소 대표
2. 한국자서전협회장
3. 전자책, 공동저서. 자서전 강의, 출판 전문
4. 온라인 오프라인 400회 이상 강의 코칭
5. 전자책, 종이책 포함 150권 이상 출판
6. 누적 출판작가 480명 이상 배출

❏ 연락처
1. 블로그: https://blog.naver.com/dancewoo
2. 네이버 검색: 우경하

내 삶의 좌우명은 '당신이 가장 소중합니다.'이다. 이 좌우명은 내 회사명인 '나연구소'의 슬로건이기도 하다.

이 말의 의미는 모두의 '나' 자신이 이 세상에서 가장 소중한 존재이고, 각자 자기 자신이 이 위대하고 거대한 세상의 주인이라는 뜻이다.

이 좌우명은 보고 듣고 배운 대로 인생을 열심히 살았지만 행복하지 않았던 나의 결핍과 나를 알기 위해 간절한 마음으로 꾸준하게 했던 질문 마음 관찰 글쓰기에서 나왔다.

지금 나는 1인 기업 사업가로 책 출판 코칭과 강의, 공동저서 기획, 자서전 출판을 주로 하고 있고 이 일을 하게 된 계기도 내 좌우명을 찾게 된 스토리와 연결되어 있다.

경북 안동에서 장남으로 태어났고 제대 후 출세의 꿈을 안고 서울로 상경했다. 몇 곳의 직장을 거쳐 12년 넘게 근무했던 전 작장을 다닌 30중 후반의 일이다.

　일이 점점 힘들어진다는 것이 느껴졌다. 중간관리자가 되그나니 위아래에서 점점 치이고 한계가 느껴졌다. 일상에 익숙해져 성장하지 않는 내 모습에 답답했고 내 일이 내가 정달하고 싶은 일이 아니라는 것을 알게 되었다.

　삶의 열정은 식었고 하루하루 시간만 빨리 가길 바라고 즈말만을 기다리는 내 모습에 실망스러움이 밀려왔다.

　 무엇보다 몇 년 후 내 미래가 될 선배들의 모습이 행복해 보이지 않았다.

　달라지고 싶었다. 진짜 내가 하고 싶은 나만의 일을 찾아 열정적으로 하고 싶었다. 변화를 위해 다양한 책과 도움 되는 영상 등을 보기 시작했고 나를 바꾸어줄 그동안 내 인생에 없던 새로운 사람들을 만나러 다녔다.

　만나는 사람이 변하면 인생이 변한다는 말처럼 새로운 사람들은 나에게 신세계를 보여주었다. 그들은 무자본 창업가, 작가, 강사, 1인 기업 사업가들이었다. 그들이 부러웠고 멋있어 보였다. 나도 그들처럼 되고 싶었다.

　이때 누군가의 말이 내 마음 깊이 들어왔다.

　"매일 글을 쓰는 일이 나를 아는 일이고 운을 쌓는 일이다." 나를 알기 위해, 삶을 바꾸기 위해, 더 나은 내가 되기 위해 내 마음에 질문하고 관찰하고 글쓰기를 시작했다.

　그러면서 늘 외부로 남에게로 향하던 마음의 시선이 안으로, 나에게로 바뀌기 시작했다. 내 안에 있는 진짜 나를 보았고 내가 원하는 진짜 내 모습을 보게 되었다. 그런 과정에서 자기 사랑, 정화, 치유, 성장을 경험했다.

이 경험으로 '나'의 소중함을 깨달았고 '나연구소'라는 브랜드를 만들었다. 덕분에 지금은 '당신이 가장 소중합니다'라는 메시지와 철학을 전하는 사람이 되어 감사하고 행복하다.

세상에서 가장 소중한 존재는 바로 여러분 자신이다. "내가 있어야 세상도 있고, 내가 행복해야 세상도 행복하다." 사람들이 죽을 때 하는 가장 큰 후회는 자기 자신을 아끼고 사랑하지 못한 것이라고 한다.

모두가 가장 소중한 자기 자신을 가장 아끼고 사랑하면서 한 번뿐인 인생, 황홀하고 행복하게 살아가길 바란다.

"언제나 당신이 가장 소중합니다."

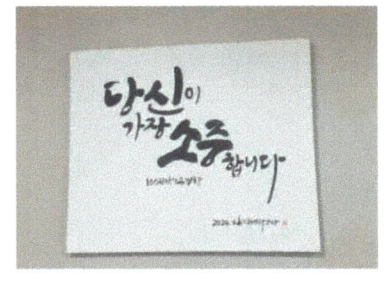 

이은미

2.

❑ 소개
1. 오색발전소 대표
2. 한국미래평생교육원장
3. 오색그림책방 운영
4. 한국작가협회 부회장 & 포천지부장
5. 그림책심리성장연구소 경기1지부
6. 전자책, 공동저서. 자서전출판 전문
7. 종이책, 전자책, 그림책, 개인저서 포함 41권 작가

❑ 연락처
1. 블로그: https://blog.naver.com/mi2241
2. 네이버 검색: 그림책코치 이은미, 오색그림책방

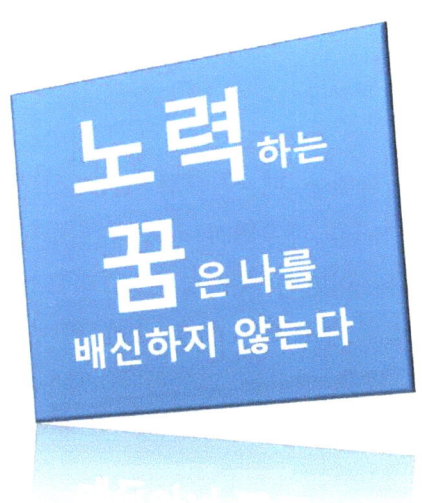

　가끔은 삶이 참 힘들고, 모든 게 엉망이 되어버린 것처럼 느껴질 때가 있다. 나도 그런 순간들을 겪으면서 많이 지치고, 앞으로 어떻게 나아가야 할지 막막할 때가 있었다. 그때 나를 일으켜 세워준 것이 바로 내가 만든 이 좌우명, "노력하는 꿈은 배신하지 않는다. 그래서 나는 빛나는 보석입니다."였다. 이 글은 단순한 말이 아니라, 나 자신에게 했던 약속이자 위로의 메시지였다.
　좌우명은 그저 어려운 시기에만 적용되는 게 아니라고 생각한다. 나는 이 말을 통해, 앞으로 나아갈 힘을 얻기도 하고, 자신의 가치를 다시 확인할 수 있었다.

　때로는 삶이 참 힘들고, 엉망진창이 된 것처럼 느껴질 때, 모든 게 무너지는 것 같은 순간들 속에서 흔들리기도 하고,

앞으로 어떻게 나아가야 할지 막막해질 때, 바로 그럴 때, 이 좌우명이 큰 힘이 되었다.

 이 글을 처음 만들었을 때, 참으로 힘든 시기를 겪고 있었다. 그때 캘리그라피를 배우면서 글자 하나하나에 마음을 담았다. 힘든 시간을 이겨내려는 결심, 그리고 스스로에게 한 약속. 아무리 어렵고 힘들어도 내가 꿈을 위해 노력한 만큼은 절대 배신당하지 않을 거라는 믿음이다. 꿈은, 그 꿈을 위해 내가 쏟아부은 노력과 함께 자라나고, 그 과정을 통해 더 강해지고 변화하게 되었다.

 첫 문장인 "노력하는 꿈은 배신하지 않는다."라는 말은, 성공이 항상 곧바로 찾아오지 않는다는 걸 말해준다. 때로는 여러 번의 실패와 좌절을 겪기도 하겠지만, 그 과정 자체가 헛되지 않다는 걸 잊지 말아야 한다. 우리가 앞으로 나아가는 매 순간은 작은 승리들이 모여 더 큰 그림을 그려가는 과정이다. 그리고 결과가 내가 원하던 것과 다를지라도, 그 과정에서 더 단단해지고, 새로운 기회를 맞이할 준비가 되어간다.
 두 번째 문장인 "그래서 나는 빛나는 보석입니다."는 내가 내 자신을 어떻게 바라봐야 하는지를 알려준다. 보석은 처음부터 빛나는 모습이 아니다. 거칠고 눈에 띄지 않는 돌일 뿐이다. 하지만 시간이 지나고, 많은 압력을 견디면서 진정한 아름다움을 드러내는 보석이 되는 것처럼 나 역시 마찬가지였다. 지금은 완벽하지 않을지라도, 그 안에 숨겨진 잠재력과 빛나는 가치가 있다는 걸 스스로 인정하게 되었다. 이건 나의 꿈뿐만 아니라, 나에 대한 믿음이기도 하다. 삶이 아무리 힘들어도, 나 스스로의 가치와 가능성은 변하지 않는다는 걸 항상 마음에 새기고 있다.

 삶의 압박이 나를 부수는 것이 아니라, 오히려 더 빛나는 사람으로 만들어 줄 거라는 믿음, 그리고 무슨 일이 있어도 나는 내 스스로의 빛을 잃지 않을 거라는 확신을 담아 만든 이 글이, 어떤 누군가에게도 작은 용기가 되었으면 좋겠다. 존재하는 모든 사람은 존재하는 이유만으로도 빛나는 보석이고 작은 일에도 소홀하지 않은 삶의 태도와 긍정적인 에너지를 가지고 있다, 일상의 소소한 순간을 소중히 여길 때 우리는 삶의 진정한 행복을 발견하게 된다. 삶이 주는 크고 작은 기쁨 속에서 우리의 빛은 더더욱 밝아지기 때문이다.

3.

조 유 나

❏ 소개
1. 유나리치.인카금융서비스 대표
2. 한국개척영업컨설팅연구소 대표
3. 〈조유나의 보험톡톡〉등 10권 출간
4. 한국영업인협회 신인상 수상-2022
5. 더베스트금융 연도대상 금상 -2021
6. 메리츠화재 연도대상 동상 -2018
7.〈개척영업으로 억대연봉〉인기강사
8.〈개척여신이 알려주는 억대연봉 꿀팁〉클래스유 오픈
9.억대연봉설계사 수강생 제조 달인
10.개척영업 1:1 컨설팅 및 코칭멘토

❏ 연락처 010 2415 5999
1. 블로그:https://m.blog.naver.com/younarich1004
조유나♡개척영업컨설팅연구소 : 네이버 블로그 (naver.com)
2. 네이버 검색: 조유나

'행운은 움직일수록 나타나고 기회는 잡는 것이다.'
행운(行運)을 관리해야 행운(幸運)이 온다

'행운'은 준비와 기회가 만났을 때 일어난다.
나는 더 열심히 일할수록 운이 좋아지는 걸 알았다.
'기회'란 어떠한 일을 하는데 적절한 시기를 말한다.
기회는 오는 것이 아니라 내가 잡는 것이다.
* 기회는 자주 오지 않는다.-오드리 햅번

 기회의 신-카이로스가 손에 들고 있는 것은 저울과 칼.
 그것은 기회가 다가왔을 때 해야 하는 행동을 의미한다
 저울처럼 정확한 판단을 내리고 칼처럼 날카로운 결단을 행동으로 옮기는 것이다.

위기는 기회다.

포인트는 적극적으로 기회를 찾고, 준비하고, 잡는 것이다. 이 좌우명은 직접 영업 현장에서 행운을 얻고 기회를 잡으면서 느끼고 체험한 것이다. 실제로 움직이니 행운이 따르고 활동하는 만큼 성과가 따른다.

아는 사람 하나 없이 시작한 개척 영업이지만 성공하고 싶었다. 출근해서 똑같이 하는 영업이고 똑같은 걸 파는데 가져가는 소득은 모두 다르다.

왜? 차이는 뭐가 있을까?
처음에는 주변에 잘하는 사람들을 보고 배우고 벤치마킹하기 시작했다. 영업에 관한 모든 것을 배우고 현장에 녹여서 실천했다. '조유나식 개척 영업 콘셉'을 만들었다. 지인 없이 쉽고. 빠르게 개척 영업으로 계약하는 방법-개척 영업이다.

'안 되면 되게 하라. 되는 방법을 찾아야 한다.'
배우고. 실천하고. 수정하고 다시 반복하기!

아는 사람 없으니 개척 영업을 시작했다. 매일 거절을 밥 먹듯이 받는다고 하지만 현실은 밥도 못 먹고 거절 받는 날이 더 많았다. 그렇게 움직이면서 운을 쌓아가고 기회를 놓치지 않으려고 노력했다.

"행운은 준비와 기회가 만났을 때 일어난다"

"Luck is what happens
when preparation meets opportunity;

　그렇게 움직여서 행운을 잡고 개척 영업을 하다 보니 어느덧 지금은 개척 영업을 시작하는 전국 영업인들의 코칭 멘토가 되고 억대 연봉 메신저가 되었다. 나날이 놀라울 정도로 성장했다.

　현재 한국개척영업연구소를 운영하고 전국에 설계사, 영업인들 상대로 개척 영업 강의를 하고 1대 1 컨설팅을 진행하고 억대연봉 수강생과 월천녀도 끊임없이 배출하고 있다.

　-유나리치 : YOU & NA RICH-
　'너와 내가 함께 부자 되기'를 실천하고 이루고 있다.

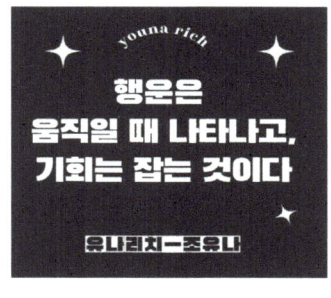 

변재희

4.

❏ 소개
1. 제이에스 대표
2. 원금융 서비스 본부장
3. 기업 컨설팅, 보험 및 조직운영 전문
4. 조직 리쿠르팅 실적 200명 달성
5. 조직 리쿠르팅 강의 300회 이상 코칭

❏ 연락처
1. 홈페이지 : www.jsfinancial.co.kr
2. 네이버 검색: 변재희

　내 삶의 좌우명은 '꿈을 꾸는 것처럼 인생을 살자.'이다.
　나에게 있어 꿈이란 여러 가지 의미로 해석될 수 있는데 꿈은 곧 목표이면서 원하는 걸 이룰 수 있는 동기부여가 된다.
　이 좌우명은 목표 없이 살고 있던 나에게 꿈의 크기만큼 열정을 가질 수 있게 했고 그 크기만큼 내 열정도 커지게 하였다.

　지금 나는 제이에스라는 기업의 대표이사로 있으면서 ㈜원금융서비스의 본부장으로 조직 리쿠르팅과 교육, 기업 인큐베이팅, 보험설계사 양성을 주로 하고 있고 이 일을 하면서 이 좌우명을 갖게 되었다.
　21살이 되자마자 군 제대 후 출세의 꿈을 안고 무작정 강남에서 원룸 월세방을 얻었다. 그때 대한민국에서 가장 비싼

물건을 팔아보고 싶다는 생각이 들어 부동산 분양업을 하게 되었다. 하지만 환상과는 달리 일이 점점 힘들어진다는 것이 느껴졌다. 6개월 만에 첫 계약 후, 일이 적응되었고, 중간관리자가 되고 나니 위아래에서 점점 치이고 한계가 느껴졌다. 더 이상 배울 점이 없다고 느끼니 성장하지 않는 내 모습에 답답했고 그 이후 시간이 갈 때마다 허송세월하는 게 아닌가 하는 걱정도 들었다. 일에 대한 열정은 점점 식었고 소위 말하는 '고인 물'이 되어가는 거 같은 느낌이 들었다. 출산 이후 태어난 아들을 보며 몇 년 뒤에 나를 바라볼 아들을 상상하니 도저히 버틸 수가 없었다.

그러고 나니 생각이 달라졌다. 삶의 목표를 정하고 꿈을 꿔보자, 그러고 그 꿈을 매일 꾸는 것처럼 인생을 살아보자고. 그날부터 달라지기 시작했다. 당장 오늘 목표를 세우고 1개월, 1년, 10년의 목표를 세우고 꿈을 가지니 해야 할 게 눈에 보였다. 진짜 내가 잘할 수 있고, 하고 싶은 나만의 일을 찾아. 변화를 위해 나를 바꾸어줄, 그동안 내 인생에 없던 새로운 일들을 찾아다녔다.

기업을 컨설팅하며 조직을 키웠고, 보험대리점에 본부장으로 입사했다. 새로운 환경에서 새로운 업무를 시작하면 인생이 변한다는 말처럼 직원을 뽑고 양성하며, 그들은 나에게 또다시, 새로운 꿈을 심어주었다. 중간관리자가 되는 게 아니라 회사를 설립해 운영을 해보고 싶었다. 나에게 새로운 꿈을 심어준 직원들을 보호하는 울타리를 만들어보자고, 그러면서 자기중심적으로 생각하던 마음의 시선이 타인으로 바뀌기 시작했다. 직원들도 그 마음을 알았는지 회사에 주인의식을 가지며, 업무에 임하게 되었고, 5명에서 시작한 사원 수가 현재는 100명을 훌쩍 넘기게 되었다.

이 경험으로 '타인'의 소중함을 깨달았고 현재는 기업 인큐베이팅이라는 새로운 꿈을 꾸며 인생을 살고 있다.

기업에서 가장 소중한 존재는 바로 임직원들이다.
"물건을 파는 사람을 장사꾼이라고 하지만 나를 팔아 사람을 사는 사람은 기업인이 될 수 있다."
인생이 정체되어 있다고 느끼면 새로운 꿈을 한번 꿔보길 바란다.

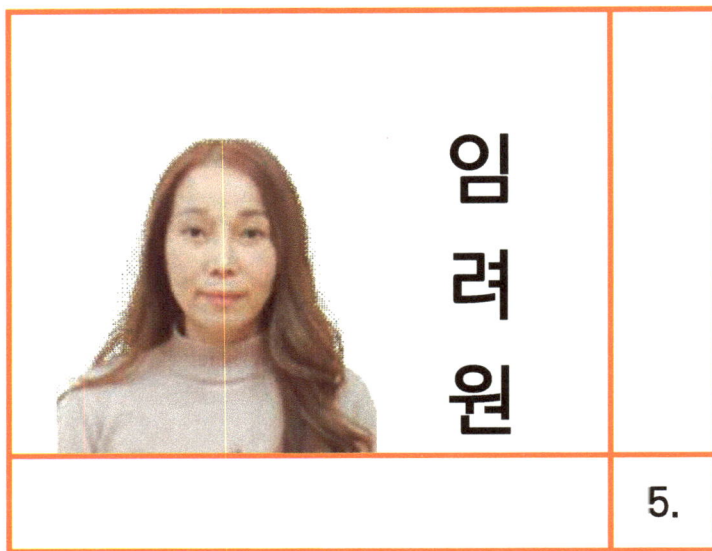

임려원

5.

❏ **소개**
1. 모은상담심리연구소 공동소장
2. 마음자람심리센터 공동소장
3. 교육학 박사(상담심리전공)
4. 한국상담심리학회 심리상담사 1급, 주수퍼바이저
5. 마음 드라이빙(23년 세종도서 우수도서 선정)외 전자책, 종이책 포함 20권 이상 출판
6. 심리학 강의, 책쓰기 강의, 개인상담, 가족상담, 집단상담 진행

❏ **연락처**
메일: saim1009@hanmail.net

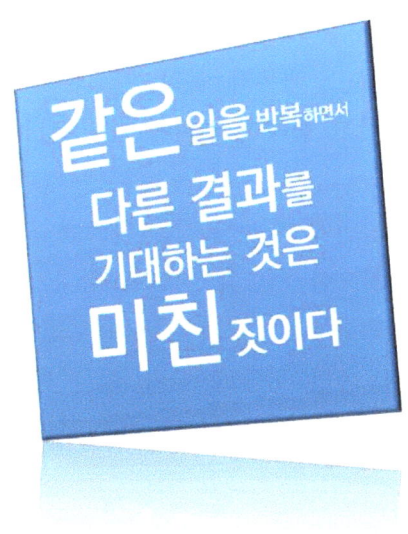

　아인슈타인의 명언, "같은 일을 반복하면서 다른 결과를 기대하는 것은 미친 짓이다."라는 말은 자기 계발 분야에서 자주 인용된다. 이 말은 새로운 접근과 사고방식의 필요성을 강조하며, 반복적인 행동으로는 기대하는 성과를 얻을 수 없다는 점을 지적한다.

　나는 종종 내가 해야 할 일에서 기대한 만큼의 성과를 얻지 못할 때 이 명언을 되새긴다. "내가 놓친 부분은 무엇일까?"라는 질문을 던지며 자신을 돌아본다. 진정한 미친 짓은 같은 행

　이 생각은 25년 전 아동양육시설에서 경험에서 시작되었다. 당시 피아노를 자유자재로 연주하는 여성의 말, "미치면 이렇

게 돼요."라는 대답은 내 마음에 깊이 새겨졌다. 나도 피아노를 배우고 싶었지만, 배우지 못한 아쉬움이 있었다. 하지만 그때 깨달았다. "하고 싶다면 미쳐야 한다."라는 것을.

아인슈타인의 명언에 따라 우리는 새로운 도전과 사고를 강조해야 하며, 불필요한 기대를 버려야 한다. 미치도록 해보지도 않고 다른 결과를 바라는 것은 규칙 위반이라는 생각이 들었다. 이후 25년 동안 힘들고 하기 싫을 때마다 스스로에게 묻는다. "정말로 미치도록 노력해 봤어?".

"미친 짓은 오직 그것만 생각하고, 그것만 원하며, 너 온 마음과 몸을 헌신하는 것"이다. 주변의 다른 것들은 잠시 내려놓고, 내가 원하는 것에만 집중하는 것이다.
나는 명석한 두뇌를 물려받은 사람이 아니었고, 원하는 공부를 할 수 있는 환경도 아니었다. 그러나 아이 셋을 낳고 나서 새로운 도전을 결심하며 공부를 시작했고, 결국 박사학위를 받게 되었다. 지금은 상담심리를 배우는 후배들을 교육하며 그들과 함께 성장하는 기쁨을 느끼고 있다.

아인슈타인이 말한 '미친 짓'을 마음에 새기고, 내가 원하는 것을 위해 미친 듯이 노력했더니, 결과는 자연스럽게 따라왔다. 이 마음가짐 덕분에 나는 원하는 목표를 이룰 수 있었고, 그 과정에서 더 많은 것을 배우고 성장할 수 있었다.
이제 내 목표는 상담심리 전공자들과 함께 책을 쓰는 것이다. 비록 남들 앞에 나서는 것을 주저하지만, 많은 사람과 더불어 책 쓰기를 하고 싶다. 아인슈타인의 명언 덕분에 나는 원하는 바를 이뤘고, 앞으로도 '모든 상담심리사가 저자가 되는 것'을 목표로 다시 한번 미쳐 보겠다. 그의 가르침은 내 삶에 큰 영향을 미쳤으며, 이를 바탕으로 계속해서 나아가고자 한다.

김지민

5.

❑ 소개
1. 착한보험지민리치연구소 대표
2. 법인마케팅 이사
3. 내부 개척 영업 강사
4. MDRT, COT 달성
5. 신인 연도대상 선정
6. 연도대상 전국 2, 4위 달성
7. 방과후교사 1급 취득
8. 자기주도강사 취득
9. 코칭지도자 1급 취득
10. 미술치료사 1급 취득

 '마음'이라는 단어는 영어로 'heart', 그리스어로 '카르디아 ($καρδία$)'라고 합니다. 이 단어는 단순한 감정이나 기관이 아니라, 인간 내면의 감정과 의지, 사고의 중심을 의미합니다. '카르디아'는 우리의 성향, 태도, 욕망, 목표를 포괄하며, 행동과 결정을 좌우하는 원동력입니다. 마음은 우리의 선택과 길을 결정하는 중요한 역할을 합니다.

 저는 이 '카르디아'의 의미를 삶에서 늘 실천하려 노력했습니다. 보험업에 뛰어들기 전, 13년 동안 학원을 운영하며 많은 학부모와 학생들을 만나면서 깨달은 것은 사람마다 성향과 목표가 다르다는 점이었습니다. 각자의 마음을 진심으로 이해하고 공감했을 때, 더 나은 성과와 신뢰를 얻을 수 있었습니다.

사람의 마음을 직접 들여다볼 수는 없지만, 나무가 열매로 자신의 상태를 드러내듯, 진심 어린 행동은 타인에게 큰 울림을 줍니다. 학부모와 학생들에게 진정성 있게 다가갔을 때, 그들의 태도와 성적이 변화하는 것을 보면서 마음으로 다가가는 것의 중요성을 깊이 깨달았습니다.

보험과의 첫 만남
이러한 경험을 바탕으로 보험업을 시작했을 때도, 고객의 마음에 집중했습니다. 처음에는 보험 상품을 판매하는 것이 어려웠지만, 고객들이 진정으로 필요로 하는 것이 무엇인지 고민하며 그들에게 다가갔습니다. 그 결과, 보험 영업 1년 차에 신인 연도 대상자로 선정되는 성과를 얻었습니다.

초기에는 학원 운영이 제 주된 일이었고, 보험 영업은 부차적인 일이었지만, 시간이 지나면서 고객들의 추가 계약이 늘어나고, 소개 영업도 이어지며 보험을 전업으로 해야겠다는 결심을 하게 되었습니다. 13년간 이어온 학원 운영을 마무리하고, 이제는 12년 넘게 보험 영업에 전념하며 행복하게 일하고 있습니다.

나의 마음, 그리고 고객의 마음
보험 영업을 처음 시작했을 때는 '과연 내가 잘할 수 있을까?'라는 고민이 많았습니다. 교육 사업에만 몰두했던 제가 영업직에 맞을지 확신할 수 없었지만, 고객들의 마음을 이해하고 그들의 필요를 채워주는 일에서 큰 보람을 느끼게 되었습니다. 이제는 주위에서 '어떻게 그렇게 보험을 잘할 수 있냐'는 질문을 자주 받습니다.

마음을 다해 쌓아 올린 성공의 모자이크

저는 보험 영업을 마치 모자이크 벽을 만드는 과정에 비유합니다. 작은 돌 하나하나를 맞춰 아름다운 그림을 완성하듯, 고객들의 다양한 마음을 이해하고 그들에게 진심으로 다가갔습니다. 그 결과, 고객들도 저에게 마음을 열고 신뢰를 주었으며, 이것이 결국 성공으로 이어졌습니다. 고객의 마음을 얻는 것이야말로 진정한 성공이자 행복한 삶을 이루는 길임을 깨달았습니다.

박선희

6.

❏ 소개
1. 더원인재개발원 대표
2. (주)ESG경영연구원 이사
3. (재)경남여성가족재단 연구위원
4. 한국평생교육사협회 창원지부장
5. 교육학박사수료
6. 기업교육강사, NCS기업활용컨설턴트, 작가, 블로거
7. 네이버 인물검색:박선희작가/닉네임 100코칭오이작가

❏ 연락처
1. 블로그: https://blog.naver.com/wakeupsun
2. 네이버 검색: 박선희작가

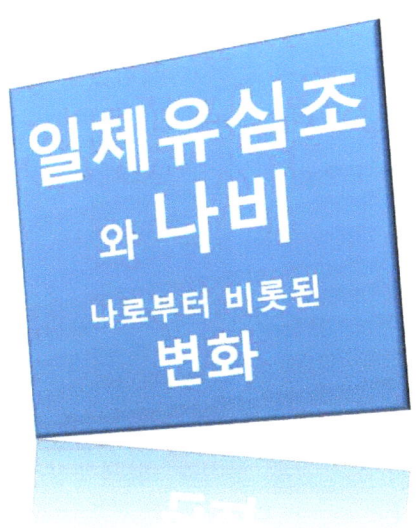

나를 찾는 하루 5분 코칭스킬
나에 대한 기본 선호도부터 알아보자.
1. 삶의 지침인 나의 좌우명은 무엇인가?
2. 그 좌우명을 갖게 된 계기는 무엇인가?
3. 좌우명과 관련한 에피소드나 내가 변한 것은 무엇인가?

초등학교 때 어머니는 할부로 책을 샀다. 지금이야 책을 쉽게 접할 수 있지만, 예전에는 책방이나 도서관에서 빌려 볼 수 있었다. 어머니는 생활 백과, 세계 명작, 위인전을 마련했다.
놀거리가 없어 심심할 때 책을 봤다. 아이들이 책을 읽으려면 놀거리, 흥밋거리가 없어야 한다. 심심하면 보는 것 책이어야 한다. 부족해야 책을 본다.

이순신, 방정환, 최영 등 위인전을 읽다 보면 시간 가는 줄 몰랐다. 특히 원효대사의 일화는 재미있었다. 시원하게 마셨던 물이 해골에 담긴 썩은 물이었다니. 웩.
의상대사는 중국으로 갔지만, 원효대사는 다시 신라로 왔다고 한다.

살다 보면, 어느 한순간의 경험으로 삶의 방향이 바뀌는 경우가 있다. 우리는 이것을 터닝 포인트라고 하는데, 원효대사의 터닝 포인트는 해골바가지의 썩은 물과 전날 마신 맑은 물이 같다는 데서 깨우쳤을 것이다. 일체유심조!

나도 그런 경험이 있다. 초등학교 2학년 때 일이다. 복날 여름, 시장에 갔다가 개 잡는 것을 보고 깜짝 놀랐다. 눈물이 났다. 절대 개고기는 먹지 않겠다고 다짐했다. 그런데 어느 날 아버지 사 온 고기를 온 가족이 둘러앉아 맛있게 먹었다. 다 먹고 나니 개고기라고 했다. 웩. 토하는 내게 아버지는 한마디 했다.

"모르고 먹으면 약이다."

알고 먹든 모르고 먹든 똑같은 개고기인데, 내가 바뀐 게다. 원효대사의 말이 떠올랐다. 내가 어떤 마음을 먹고 대하느냐에 따라 바뀔 뿐이다. 그 뒤로 **'일체유심조'** 이 말을 금과옥조로 삼고 있다. '일체유심조' 마음을 어떻게 먹느냐에 따라

천국이 될 수도 있고, 지옥이 될 수도 있다.

나비라는 말도 좋아하는 좌우명이다. 변화를 위해선 내가 누구인지 아는 것이 중요하다. 있는 그대로의 나를 받아들이고, 내 마음의 주인이 내가 될 때, 충분히 **나**로부터 **비롯**된 변화를 만들 수 있다. 번데기가 아름다운 나비가 되는 것처럼 있는 그대로의 나를 마음껏 펼칠 수 있다.

매일 '**일체유심조와 나비**'를 좌우명처럼 살아간다면 지혜롭고 건강하게 살 수 있을 것이다. 찬란하게 눈부신 일생을 살아가는 데 필요한 나침반이 될 것이다.

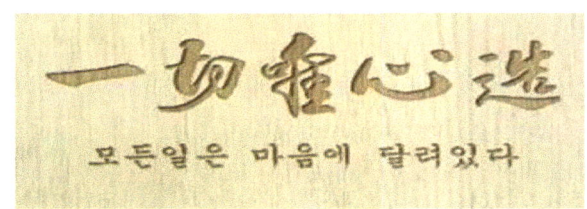

조경숙

8.

❑ 소개
1. 경기대학교 상담학 박사
2. 수원생명의전화 원장
3. 한국교류분석상담학회 경기 수원(장안)지부장
4. 아동. 청소년. 가족상담센터장
5. 자살 예방 및 교류분석 교육
6. 마음 친구 책방 대표

❑ 연락처
1. 블로그: https://blog.naver.com/care4814
2. 네이버 검색: 조경숙

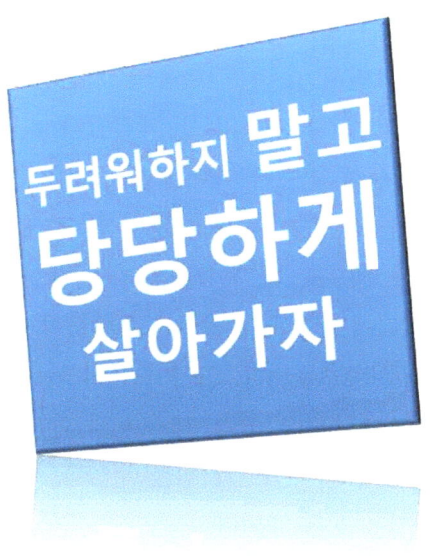

　이 말은 나에게 단순한 격려의 문장을 넘어, 인생을 살아가는 동안 언제나 마음속에 새기고 실천하는 삶의 좌우명이다.

　'두렵다'라는 말은 어떤 대상이나 상황이 우리를 불안하게 하고, 꺼리게 하며, 염려하게 만드는 감정을 뜻한다. 따라서 '두려워하지 말고 당당하게 살아가자.'라는 말은 삶을 살아가면서 그런 불안이나 걱정에 휩싸이지 말고, 스스로 마음을 다스리며 자신의 길을 당당히 걸어가자는 의미이다. 결국, 나 자신이 삶의 주인공이 되어야 한다는 다짐이 담겨 있다.

　내가 인생을 살아가며, 때로는 실수하고 실패했던 순간들과 맞물려있다. 불안과 염려, 그리고 두려움이 내 마음을 짓눌렀던 적이 많다. 하지만 그런 순간들을 마주하면서 나는 자신에게 물었다. "두려워 말라, 내가 너와 함께함이라." 이 말씀이 내 마음에 떠오르면서 두려운 마음이 차분해지고, '두려움이 문제를 해결하지 않는다'는 사실을 깨달았다.

특히, 결혼 후 둘째 아이가 태어난 뒤 큰 위기가 찾아왔고 나는 병원에 입원하였다. 당시 큰아이는 4살, 둘째는 태어난 지 2개월이었다. 내가, 병으로 이 세상을 떠나면 어린아이들을 남겨두게 될 거라는 생각에 무서움과 불안이 엄습했다. 하지만 내가 할 수 있는 일은 아무것도 없었다. 그저 간절히 기도할 뿐이었다. 그때 내게 들린 말씀이 "두려워 말라, 내가 너와 함께함이라"였다. 그 말씀은 나에게 기적 같은 위로와 힘을 주었다. 내 마음을 다잡아 주었고, 삶을 붙잡을 힘을 주었다.

그때의 경험은 나를 변화시켰고 건강을 회복하였다. 이후 나는 더 이상 두려움에 휘둘리지 않고, 주어진 삶을 온전히 받아들이며 살아가고 있다. 사회봉사 활동을 하고, 교회에서 여러 직책을 맡아 봉사하면서 내 삶에 감사함을 느끼고 매 순간 최선을 다해왔다. 이제는 도전 앞에서도 두려움 없이, 어떠한 상황에서도 당당하게 행동하며 살아가고 있다.

삶은 무척 소중하다. 나 스스로가 변화하고 나니, 주변 사람들과의 관계도 자연스레 달라졌다. 그전까지는 몰랐던 내 삶의 진정한 가치를 깨달으며, 만나는 사람들을 따뜻한 마음으로 대하고, 그들의 소중함을 진심으로 느끼게 되었다.

가끔은 불안하고 두려웠던 순간들이 나를 진정한 나로 성장하게 해주었다고 느낀다. 어려움 속에서 내가 누구인지를 마주하고, 진정으로 원하는 삶을 살 수 있는 용기를 얻게 된 것이다. 그 과정을 통해 자신을 더 사랑하게 되었고, 내 삶에 대한 확신과 자신감을 얻었다.

그래서 나는 말하고 싶다. 우리 모두 두려움에 갇히지 말고, 후회 없는 삶을 살아가자고.... 이 세상에서 가장 소중한 존재는 바로 '나' 자신이라는 사실을 깨닫고, 두려움 대신 자신감을 선택하며 삶을 당당하게 살아가자.

삶은 언제나 우리에게 많은 도전을 던진다. 하지만 그 도전을 두려워하지 말고 당당하게 살면서, 우리의 내면에 담긴 용기와 사랑을 믿자. 그리고 자신을 소중히 여기며 당당하게, 멋지게 살아갈 수 있기를 바란다.

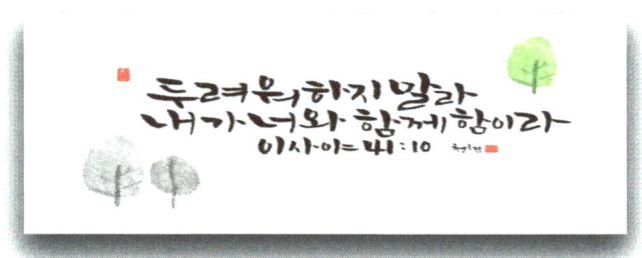

이상심

9.

❏ 소개
1. 경기대학교 상담학 박사
2. 마음쉼터심리상담센터 대표
3. 한국교류분석상담학회 경기이천지부장
4. 한국진로상담협회 이천지부장
5. 한국영화활용교육협회 경기지부장

❏ 연락처
1. 홈페이지: http://www.1279.co.kr/
2. 블로그: https://blog.naver.com/maeum_79

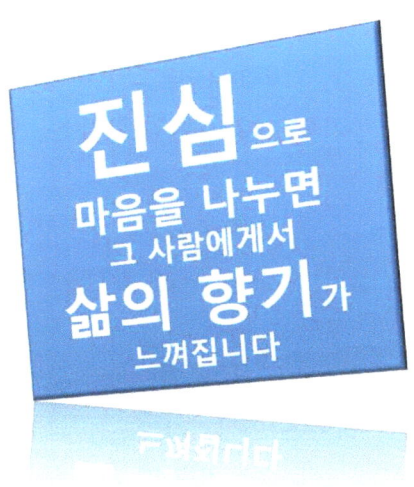

　일상 속에서 마음을 나누는 경험은 흔치 않으며, 진심이 담긴 교감을 통해 상대방의 본질적인 아름다움과 그들의 삶이 지닌 독특한 향기를 느낄 수 있게 된다. 이는 서로의 내면을 깊이 들여다보며 감정을 나누는 과정에서 의미와 행복을 발견하게 된다. 이렇듯 마음을 나누는 일은 쉽지 않지만, 그 진심에서 비롯된 향기는 오랫동안 기억 속에 남아 각자의 독특한 삶의 향기로 삶의 질을 풍요롭게 할 것이다.

　많은 사람을 만나면서 대화를 나누고, 관계를 맺으며 더불어 살아가고 있지만 진심과 진정으로 마음을 나누는 순간은 많지는 않다. 나는 그냥 단순한 대화나 교류 이상의 의미가 아닌, 상대방의 감정을 이해하고, 그들이 겪는 삶의 경험에 귀를 기울이고 싶은 것이다. 내가 서로에게 감정을 열고, 진솔한 소통을 통해 깊은 공감, 그리고 상대방의 본질과 삶이 지닌 다양한 아름다움과 향기를 느낄 수 있게 되는 것이라고 생각한다.

내가 생각하는 삶의 향기란 무엇일까?
이는 그 사람이 살아온 시간과 경험, 그리고 그들이 가진 내면의 가치에서 나오는 고유한 매력이라고 생각한다. 누구나 각자의 삶 속에서 겪어온 이야기가 있다. 그 이야기는 때로는 고난과 시련으로 가득할 수도 있지만, 그 속에서도 우리는 성장하고 성숙해진다. 진심으로 마음을 나누는 순간, 그들의 마음의 소리를 들을 수 있게 되고, 그 마음속에 담긴 삶의 향기를 느끼게 된다. 그 향기는 어느 꽃향기처럼 기분 좋은 감정이 아닐 수도 있지만 이해를 통해 느껴지는 특별한 감동이지 않을까 한다.

내가 진심을 다해 마음을 나눌 때 상대방도 진정성은 말이 아닌 태도와 행동에서 진심임을 직감적으로 알 것이다. 그러한 순간에 형성되는 관계가 때로는 상처가 되지 않을까 하는 두려움이 있을 수도 있다. 이는 단순한 친분을 넘어, 삶에 깊은 영향을 미치는 귀중한 관계로 발전하고 서로의 존재를 존중하게 된다. 즉, 내가 그 사람의 삶 속에 담긴 의미와 가치를 발견하게 되면 그 사람 역시 내게서 자신이 표현하지 못한 삶의 향기를 느낄 것이다.

마음을 나누는 것은 진솔한 대화와 이해를 통해 나와 상대방을 공감하게 되고, 더 깊이 연결하고 삶 속에서 새로운 가치를 발견하게 되지 않을까 한다.

　결국, '진심으로 마음을 나누면 그 사람에게서 삶의 향기가 느껴진다'라는 이 말은 나에게 담금질하듯 내가 살아가는 방향성에 대해 중요한 가르침이기도 하다. 그동안 단순히 겉으로 드러나는 것에만 집중했던 내게 심리상담을 하면서 상대방의 내면을 이해하고 그들의 삶 속에서
내 삶을 더욱 아름답게 만들어 주고 있는지도 모르겠다.

　나의 진정한 삶의 향기로 누군가에게 진정한 변화를 위한 삶의 향기로 남기고 싶다.

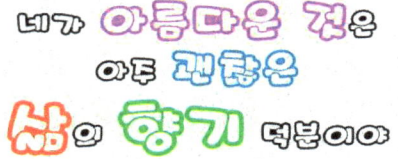 

박준오

10.

❑ 소개
1. 롯데백화점TANDY 대구, 상인 지점장 9년
2. 영업, 고객관리C/S 교육15년
3. 멜리에스(Melise) CEO
4. 여우공간 CMO
5. (주)유퍼스트 태화
6. (주)유퍼스트 포항지점 지점장

❑ 연락처
1. 홈페이지: https://jo-youfirst.com
   (박준오의 보험클리닉)
2. 네이버 검색: 박준오 or 박준오의 보험클리닉

"나의 꿈이 누군가의 빛이 되자."

이 말은 나에게 있어 단순한 좌우명이 아니라 삶의 방향성과 의미를 담고 있는 목표이자 메시지다. 이 좌우명은 내가 꿈꾸는 것 이상으로 그 꿈이 다른 사람에게 긍정적인 영향을 미치기를 바라는 마음을 담고 있다

우리는 모두 꿈을 안고 살아간다. 이러한 꿈들은 우리의 개인적인 목표와 열망을 반영하고, 때로는 우리를 지치고 힘들게 하기도 한다. 하지만 그 과정에서 우리는 성장하고 더 나은 사람으로 발전해 간다.

이 꿈이 나를 넘어 타인에게 희망과 빛이 된다는 생각은 내 삶을 한층 더 풍요롭고 의미 있게 만들어 준다.

예전에 나는 꿈도 없이 친구들과 10대를 보내고 20대에 백화점에 입사했다. 매일 출근길과 퇴근길 지하철에서 명함을 돌리며 꿈이라는 것을 만들어 그 꿈을 향해 매일 도전하며 살아갔다. 술을 한잔 먹더라도 명함을 돌리는 일은 멈추지 않았다. 즐겁지 않은 일상적이고 반복적인 일이었다. 처음 영업을 접할 때는 설명하고 상품을 판매하며 항상 사람들이 찾아 주기를 기다리는 사람이었다. 이후 꿈을 이루었지만 결국 만들어진 꿈은 더 이상 꿈이 아니라 공허함으로 바뀌었다.

  시간이 지나고 한 가정의 가장이 되었지만 더 이상 꿈을 가질 수 없는 사람이 되어있었다. 예전과 지금의 나는 어느 하나 다른 것 없는 영업을 한다.
 하지만, 보험영업을 시작하며 "나의 꿈이 누군가의 빛이 되자."라는 좌우명 하나로 모든 것들이 바뀌기 시작했다. 안 보이던 새로운 것들이 보이기 시작했고 무료하던 내 삶이 즐겁고 행복해졌다. 영업이란 무엇인지 다시 한번 생각하게 되었고 현재의 보험영업으로 다른 사람에게 작은 보탬이 되어 도와줄 수 있다는 것은 나에게 새로운 방향을 가져다주었다. 수없이 백화점에서 영업과 C/S 강의를 하며 생각했던 부분을 현재 나와 같은 공간에 있는 여러분들에게 공유하면서 누군가에게 빛이 되어준다는 생각에 하루하루를 기쁘게 보내고 있다.

내 꿈은 몇몇 사람들을 위한 서비스가 아니라. 도움이 필요한 사람들과 도움을 주기 위해 찾아오는 모든 사람이 함께하는 세상이다.

이렇게 서로의 고민과 생각을 공유하는 나와 모든 사람의 꿈이 모여 세상을 밝히는 큰 빛이 된다면, 그 빛은 우리 사회의 어두운 구석구석을 환하게 비추고 많은 이들에게 희망과 용기를 준다고 믿는다. 이는 단순히 개인의 성공을 넘어서는 더 큰 의미의 성취가 된다.

나와 함께 하는 모든 사람이 서로의 빛이 되어 함께 성장하고 발전해 나간다면, 우리가 꿈꾸는 더 나은 세상은 반드시 실현될 수 있을 거라고 생각한다.

"나의 꿈이 누군가의 빛이 되자."
이 글귀가 나와 이 책을 보는 독자들이 꿈꾸는 세상으로 나아가는 방향이 되기를 희망한다.

2장

나에게 솔직해지기

문건주

11.

❏ 소개
1. 마음쉼터평생교육센터 이사
2. 마음쉼터심리상담센터 교육팀장
3. 이천청년정책발전소 임원
4. 이천청년연합봉사단 임원
5. 매년 300명 이상 청소년 선도 및 정서함양 교육
6. 제 1회, 2회 이천청년축제 기획

❏ 연락처
1. 인스타   gnnj
2. 메일 : gunsir@naver.com

　좌우명은 꿈과 같다고 생각한다. 현재 내가 처한 환경, 직업, 주변 사람들이 변해가면서 좌우명 또한 변해왔기 때문이다. 지금의 좌우명을 갖게 된 지 채 3년이 되지 않았다. 직업이 바뀌고 여러 단체에 가입해 사람들과 대화를 나누면서 문득 이런 생각이 들었다.

　우리는 모두 가면을 쓰고 살아간다. 혼자 있을 때, 가족과 있을 때, 친구와 있을 때, 직장에서 있을 때, 우리는 모두 여러 가지의 모습이 된다. 나 또한 가면을 쓰고 사람들과 이야기를 나누고 있었다. 그것은 진정한 내 모습이 아니었다. 그런 나를 보며 남들에게 솔직하기 전에 나 자신에게 솔직해져야겠다는 생각이 들었다.

'나 자신에게 솔직해지자.' 이것이 지금 내 좌우명이다. 단순한 문장이지만 그 안에는 깊은 통찰이 담겨있다.

자신에게 솔직하다는 것은 자신의 감정, 생각, 그리고 행동을 있는 그대로 받아들이고 인정하는 것을 의미한다. 사람들은 힘든 상황에 처했을 때 대부분 현실을 외면하려는 경향이 있다. 이때 우리는 진정한 나를 마주하는 용기가 필요하다.

삶에서 우리는 종종 타인의 기대나 사회적 기준에 맞추려다 자신의 진짜 모습을 잃어버리곤 한다. 우리가 가진 여러 가면의 색이 점점 짙어져 결국 가면들끼리 어우러질 수 없는 상태에 이르기도 한다. 나 역시 진정한 내가 누군지 의문이 들었던 때가 있었다.

용기 내어 자신에게 솔직해지는 순간, 우리는 비로소 진정한 자아를 발견하게 되고, 가면을 벗어던지고 자아와 조화를 이루며 삶을 살아갈 수 있다.

'나 자신에게 솔직해지자'는 자기 성찰의 출발점이자 자기계발의 필수적인 과정이다. 상담센터에서 교육팀장으로 일하고, 공부하면서 느낀 가장 중요한 인생 과제라고 생각한다. 앞서 말했듯이 우리는 때때로 사회적 압박이나 타인의 시선에 얽매여 자신의 감정을 숨기고, 진정으로 원하는 것을 외면하며 살아가곤 한다.

그러나 자기 자신에게 솔직해지는 것은 이러한 외부의 기대를 벗어나 진정한 내면의 목소리에 귀를 기울이는 것이다. 이는 나약함이나 실패를 부정적으로 인식하지 않고 그대로 인정하고, 그로부터 배우는 용기가 필요하다. 솔직해질 때 우리는 자신의 한계와 가능성을 정확히 직시할 수 있으며, 그로부터 성장을 위한 구체적인 목표를 세울 수 있다.

모두가 완벽함을 추구하는 시대이지만, 완벽함을 추구하기보다 있는 그대로의 나를 인정하고 사랑하는 것이야말로 진정한 자존감을 형성하는 첫걸음이며, 더 나은 삶으로 나아가는 길이다.

이 짧은 글이 누군가에게 큰 힘이 되길 바란다. 글을 마치며 종종 실수를 인정하고 싶지 않아 합리화했던 나 자신을 반성하며 '나 자신에게 솔직해지자'를 다시 한번 가슴속에 새겨 하루를 마무리해 본다.

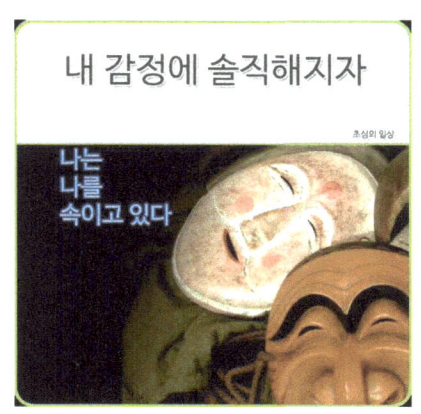

김태진

12.

❏ 소개
1. 베에프코리아(주) 대표이사
2. 독일 WEPP GmbH, 독일 CTWD 한국지사장
3. 부산대학교 경영대학원(MBA)
4. 한국지식컨텐츠진흥원 이사
5. 파이낸스 투데이 부산1지국장(Naver 협업)
6. 제품환경 전문가

[저서]
나는 AI ESG 융합전문가, 30,040시간 도전과 승리 외

❏ 연락처
1. 본사 사무실: T.051 973 7936, 7937(팩스),
   tj3213@hanmail.net, wfkorea.kr, blog.naver.com/tj32151
2. 네이버 검색: 김태진, 베에프코리아

내 삶의 좌우명은 '내 두 손, 두 발만 믿는다.'이다.

나는 늘 내 두 손과 두 발을 믿었다. 부산에서 자라던 어린 시절, 문학을 전공하며 독일로 떠나기 전까지도, 내 힘으로 이루어내지 않으면 안 되는 세상을 마주해야 했다.

거의 3년간 재활에서 배운 끈기와 인내, 독일에서 배운 철저한 품질 관리, 그리고 한국에서 겪은 4년의 적자와 시행착오 끝에, 나는 결국 내 두 손과 두 발로 성공의 길을 열었다.

베에프코리아를 세우고, 처음 4년은 매달 적자로 허덕였다. 그 기간 주말마다 알바로 회사 고정비를 메웠다. 분명히 대박 날 것 같은 사업이었지만 산산이 부서졌다. 가족에게도 친구에게도 해결책을 나눌 사람이 없었다. 간혹 주변에서 거래처를 소개받았지만, 일회성으로 끝나고 적자가 더 심해졌다. 지옥 같은 30,040시간이었다.

직장에서 월급 130만 원 받던 시절도 있었고, 중국 저가 제품에 밀려 회사 생사가 위태로웠던 순간도 있었다. 하지만 그때마다 나는 믿었다. 내 두 손과 두 발이 언젠가는 이 회사를 일으킬 거라고.
　재활 과정에서 배운 끈기, 그리고 포기하지 않는 마음이 나를 끝까지 버티게 했다. 옥시사건 이후로 독일제품의 품질 및 ESG 경영의 붐을 타고 기회를 얻었다. 중국 저가 제품이 코로나 이후로 공급망에 문제가 커져 하늘이 내려준 선물처럼 내 제품과 브랜드가 시장에서 성장하기 시작했다. 매출도 증가했다.
　결국 유명 공식 수입차 서비스센터와의 협업이 이루어졌고, 브랜드 파워가 서서히 증가했다. 실패가 거듭됐지만, 실패는 내가 넘어져도 다시 일어설 힘이 있다는 걸 깨닫게 해줬다. 나는 내 두 손과 두 발을 믿고 매일 새롭게 도전했다. 그래서 지금, 나는 그때의 나에게 감사하다. 포기하지 않았기에 지금의 성공이 가능했으니까.

　이 이야기를 통해 나는 말하고 싶다. 그 누구의 소개, 공허한 약속, 셀럽들의 책, 유명인의 강의 등은 맹신할 필요가 없다. 우리 눈높이, 속도에 맞지 않다. 그들이 다정하게 들려주는 목소리와 눈빛은 우리와 출발점이 다를 수 있다. 절대 같을 수 없다.

　어떤 어려움 속에서도, 믿을 건 내 두 손과 두 발뿐이라는 진리. 내 스스로 만들어낸 인생, 그 고된 과정은 누구도 대신해 줄 수 없다. 하지만, 그 과정이 있었기에 더 큰 보람과 성취를 느끼는 지금의 내가 있다.

'한낮의 빛이 짙은 밤 어둠의 깊이를 어찌 알겠는가?'
-Friedrich Wilheim Nietzsche

남들은 실패하고 절망하고 몰락한 우리 이야기에 관심이 없다. 내 좌우명을 한 번 더 생각하게 하는 이유다.

유일무이한 DNA를 가진 우리네 인생,
내 두 손, 두 발만 믿는다.
"I only trust my own two hands and two feet"

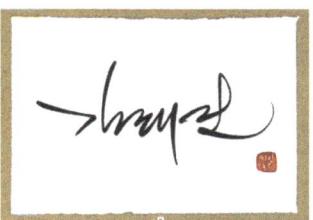

조대수

13.

❑ 소개
1. 백년멘토(주) 대표, 화신사이버대학 교수
2. 쉽고, 재밌고, 쓸 수 있게 만들어 주는 강사
3. 전자책, 공동저서. 자서전출판 전문
4. 3,000회 이상 강의 코칭
5. 전자책, 종이책 포함 10권 이상 출판
6. 유튜브 "대수굿TV" / 밴드 "조대수 소통공감 멘탈케어"

❑ 연락처
1. 블로그: https://blog.naver.com/dsds703
2. 네이버 검색: 조대수

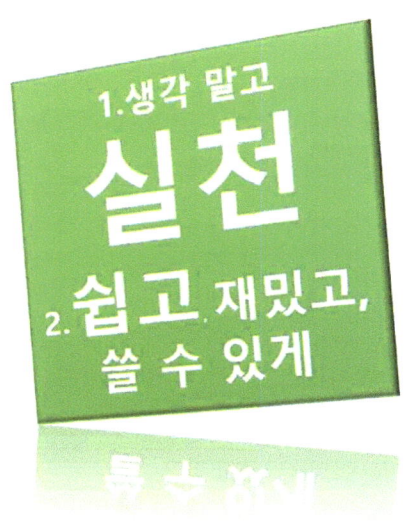

내 삶의 좌우명은 '생각 말고 실천'과 "쉽고, 재밌고, 쓸 수 있게"이다. 이 좌우명은 그간 살아온 인생철학이고, 내 회사명인 '백년멘토'의 슬로건이기도 하다.

생각이 많아지면 아무것도 하지 못한다. 맞다고 판단되면 일단 시작해 놓고 다음 방법을 찾아야 뭐든 결과로 나온다. 성공은 성과로, 실패는 훌륭한 자산이 된다.

'쉽고, 재밌고, 쓸 수 있게'는 보험사 지점장 시절 많은 교육을 받으며 답답해 내가 만든 슬로건이다. 환자의 영양 상태와 체중, 체질을 보고 처방을 해야 명의라는 소리를 듣는다. 그간 보아온 많은 강사들은 교육 대상자들의 지적 수준과 경험, 연령, 남녀 등을 염두에 두지 않고 자신의 지식 자랑을 하거나 시간 채우기에 바빴다.

그래서 불만이 생겼다. '너는 똑똑하니까, 오랫동안 그 일을 해 왔으니까 다 알아듣겠지만, 우리는 나이도 많고, 경력도 짧아 못 알아들어 포기한다. 그렇게 어렵게 가르치면 어떻게 알아듣니? 졸리기만 한 시간 낭비지'

그래서 다들 어려워하는 '리쿠르팅 면담과 법인영업을 우리나라에서 가장 쉽게 코치해 봐야지'를 목표로 두고 아래 좌우명으로 스터디를 운영하기 시작했다.

1. 쉬워야 한다.
2. 재밌어야 한다. (Story 연상법)
3. 현장에서 즉시 쓸 수 있어야 한다.

중국집 여러 곳을 다녀보고 '자장면을 이렇게밖에 못 만드나?'라고 화가 나서 직접 중국집을 차렸다는 대박 맛집 사장님처럼 나도 해 보았다. '어떻게 하면 영업조직들이 더 매출을 올려서 잘 살게 만들어 볼까?' '어떻게 하면 제일 따뜻하고 재미난 지점을 만들까?'

이것은 진짜 내가 하고 싶은 일이었고, 나의 열정을 쏟아부을 가치가 있는 일이었다. 덕분에 작은 스터디는 전체로 확대되었고, 열정과 소득이 넘쳐나게 되었다.

이 두 가지 좌우명이 보험사 20년을 마친 나에게 운명 같은 평생직업으로 연결될 줄이야! 10년간 전 보험사를 돌며 강연하게 했고, 머릿속 생각을 QR 영상을 입혀 상품으로 만들어 특허 출원한 CEO 상담 카드는 5만 개 이상 팔리고 있는 업그레이드형 히트상품이다.

지금 나는 작가와 교수, 인문학 강사, 심리학 박사과정, 인스타 등 새로운 도전을 하고 있다.

'결심'은 마음을 먹는 거고, '결정'은 머리로 하는 것이다. 둘이 합이 되어서 나오는 행동이 바로 '결단'이다. 이렇게 만들어진 '결단'은 후회하지 않는다. 두려움에 생각만 하지 말고 '도전'이라는 '실천'을 하는 한 더욱 가치 있는 인생이 될 것이라 믿는다.

조영금

14.

❏ 소개

1. 조영선 시니어 강사 1인 기업 대표
2. 한국명 강사
3. 전자책, 공동 저서
4. 오프라인, 주간보호, 노인대학, 요양원 강의 이력
5. 실버체조 지도사
6. 웃음치료 지도사
7. 노래 티칭 지도사

❏ 연락처

1. 블로그: https://blog.naver.com/ggyjj7500
2. 네이버 검색: 스마일시니어강사 써니

　내 삶의 좌우명은 '백 세까지 9988 하게 살다 가자.'이다. 이 좌우명의 의미는 백 세까지 아프지 말고 건강하고 팔팔하게 살다가 죽자는 뜻이다. 건강하게 오래 살고 싶은 내 마음을 담아 이런 좌우명을 갖게 되었다.

　10년 전에 나는 임파선 림프절 진단을 받았었다. 항생제 치료를 9개월을 받으며 아주 힘들었다. 건강 나빠지니 모든 것이 힘든 상황이 되었다. 그때 나를 돌보지 못한 것이 결국 나와 내 주위 사람을 힘들게 했다. 항생제 약을 먹어야 했기에 밥을 꼭 챙겨 먹어야 했다.
　몸도 아프고, 마음도 아프고 나니 내 안에서 어떻게든 살아야겠다는 생각이 올라왔다. 아이들도 누구도 나를 걱정해 주는 사람 없었다. 건강 잃으니, 모든 상황은 나빠졌고 자신감도 떨어져 의욕도 없는 상황이 되었다.

코로나로 힘든 시기가 왔을 때 나는 자격증을 따자고 생각했다. '노래를 부르자. 웃으며 살자. 운동을 하자.' 나처럼 힘들게 사는 주부들을 위해서 한번 해보자고 결심했다.

상황이 상황인지라 노인 인구가 많아지는 지금 실버 체조가 괜찮다고 매체에서 들었다. 그래서 이것이 내가 할 일이라는 생각이 들어 강사 일을 시작하게 되었다.

강사 일을 시작할 즘 아버지가 뇌 수두증 진단받은 지 10년 만에 돌아가셨다. 치매도 같이 왔었다. 대변, 소변도 못 가리시는 아버지의 모습을 보며 마음이 아팠다.

그 일을 계기로 더욱 사명감과 자부심을 가지고 내 일을 더 열심히 하게 되었다. 덕분에 어르신들의 마음과 소통할 수 있는 기틀이 되었다.

처음엔 두렵고 힘들고 어려움도 많았다. 어르신들의 마음을 어찌 다 알 수 있을까? 나이 차이를 극복할 수 있던 것은 그냥 그분들을 있는 그대로 인정해 드리는 것이 소통법이라는 것을 알게 되면서부터였다.

강의를 하면서 어르신의 마음과 공감이 중요하다는 사실을 배웠고. 또 치매 어르신과의 소통은 불통이라는 사실도 알게 되었다. 왜냐하면 뇌에 입력된 것이 그분밖에 없기 때문이다.

그래서 나는 긍정의 말을 하는 것이 좋겠다고 생각했다. 그래서 연습했다. 행동도 하고 입으로 자꾸 반복하면서 신나게,

즐겁게 강의를 한다.

 실버 강사로 많은 어르신과 만나며 이런 말들을 자주 한다. "아프지 마세요." "운동 열심히 하세요." "지금은 백 세 시대입니다." "아프지 말고 팔팔하게 99세까지 건강하게 살다 가셔야 합니다. 울 어르신 아셨죠?"

 노래 가사에도 있다. "행복은 눈앞에, 행복을 찾아 울 어르신과 떠나 볼까요? 백 세까지 고고~"

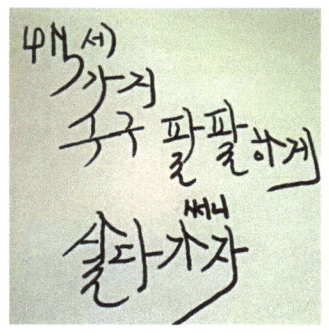 

양승권

15.

❏ 소개
1. 現 인카금융서비스 리치웨이사업단 대표
2. 現 VIP멤버쉽 서비스 리치웨이클럽 대표
3. 現 부동산전문 법인 Y&S 이사
4. 前 메리츠화재 천안본부장

❏ 연락처
1. 블로그: https://blog.naver.com/ysg0448
2. 네이버 검색: 리치웨이사업단

　넉넉하지 못했던 유년 시절을 보내며 들었던 생각은 '세상 참 불공평하다.'였다. 중학교를 졸업하고 고등학교 때 부모님과 떨어져 살 수밖에 없었던 나는 공부를 포기했었다. 낮에는 학교에서 잠자고 밤에는 아르바이트하며 학창 시절을 보냈다. 한식당, 치킨집, 돈가스집, 레스토랑, 호프집 등 어디든 나를 고용해 준다고 하면 가리지 않고 일을 했다. 지금은 최저시급이 올라 시간당 1만 원씩 받을 수 있지만 그 시절은 시간당 1,500원 수준이라 열심히 일해서 벌 수 있는 돈은 고작 월 20~25만 원 안팎이었다.

　당시에는 급식제도가 없어서 각자 도시락을 싸 와 교실에서 먹었는데 자취하던 나는 학창 시절 제대로 도시락을 먹어보지 못했다. 이런 내가 불쌍해 보였는지 같은 반 친구가 엄마한테 이야기해서 도시락을 한 개 더 싸 왔고 점심은 그 친구가 가

져다준 도시락으로 해결하게 되었다

아마 그때부터였던 것 같다.

"평생 이렇게 살 수는 없다! 난 반드시 성공하리라!"

마음속으로 다짐했다. 희한하게 마음가짐을 바꾸자 세상을 바라보는 시선과 태도가 달라졌다. 똑같은 아르바이트를 하더라도 업종의 특징과 마진율이 얼마인지 계산하기 시작했고 재료를 어디서 어떻게 주문하는지 눈여겨보게 되었다. 이후 마음먹고 공부해서 간신히 지방대학에 들어갔다. 삶의 목표가 생긴 난 눈에 띄게 학업성적이 올랐고 졸업할 때는 과 수석으로 장학금을 받으며 졸업했다.

졸업 후 새벽에는 우유배달, 낮에는 중소기업 근무, 밤에는 대리운전을 했다. 그렇게 벌었던 돈은 월 300만 원 초반이었다. 최선을 다하고 있다고 생각했고 그 정도면 차곡차곡 모아서 목돈을 만들 수 있을 거라고 생각했다. 하지만 친한 친구를 만나 저녁을 먹으며 생각이 바뀌었다. 학창 시절부터 친하게 지냈던 절친이며 공부도 잘해 수도권에 위치한 대학교를 졸업 후 현대자동차 연구소에 입사한 친구였다.

그날은 첫 월급을 받았다며 기분 좋게 한턱을 쏘겠다고 친한 친구들과 한잔하는 자리였다. 분위기가 무르익을 무렵 회사 생활 이야기를 하게 되었고 옆에 있던 친구가 현대자동차에 입사한 친구에게 물었다.

"야, 대기업은 초봉 얼마나 주냐?" 장난스럽게 물었다

"지금 OJT 기간이라 얼마 안 돼…"

난 속으로 생각했다. '그래.. 아무리 대기업이라도 신입사원

이고 OJT 기간에 일도 안 하는데 많이 주겠어?' 잠시 후 망설이던 친구는 "350만 원 받았어…" 한숨을 내쉬며 푸념하듯 말했다. 난 순간 망치로 뒤통수를 세게 얻어맞은 느낌이였다. '새벽부터 밤늦게까지 날마다 죽어라 일해서 번 돈보다 이제 갓 입사한 신입사원이, 그것도 OJT 기간 중에 받는 월급이 더 많다고?' 이대로는 도저히 답이 나오지 않는다는 것을 그때 깨달았다. 나는 하던 일을 모두 접고 새로운 도전을 시작했다.

  RICH = 부자　WAY = 방법, 가는 길
  "리치웨이" 내가 하고 있는 사업의 브랜드이다.
  나와 함께하는 사람들이 부자가 되고 나의 고객님들의 풍요로운 삶을 만들어 드리는 사업.
  "세상에 우연은 없다."
  과거의 잘못된 선택으로 지금 힘든 시기를 보내고 있다면 지금부터 올바른 선택을 통해 얼마든지 미래를 바꿀 수 있다.

서원준

16.

❑ 소개
1. 원준몰 대표 (現)
2. ㈜에이플러스에셋 어드바이저
   원플러스 사업단 지점장 (現)
3. 더블유에셋(주) 법인보험대리점 지점장 (~2024.01)
4. 삼성화재 개인보험대리점 20년 근속상 수상
5. 삼성화재 개인보험대리점 운영 (1998.11~2022.01)

❑ 연락처
1. 네이버 검색: 서원준, 서원준 지점장

내 삶의 좌우명은 '이 또한 지나가리니'이다.

60년 전, 을사년에 태어나 내년 을사년을 맞이한다. 회갑(回甲)이다. 60년이라는 짧지 않은 삶을 살아오면서 무수히 많은 일들이 있었고 다 지나갔다.

논산 훈련소에 입소한 첫날 밤을 지내고 맞이한 다음 날 아침, 눈을 떴을 때 바라본 하얀 천장의 낯선 두려움을 아직도 기억하고 있다. '아, 우리 집 천장이 아니구나. 내가 군대에 왔구나' 하는 현실을 인식해야만 했다. 지나고 보니 30개월은 쏜살같이 지나가 버렸었다.

여자 친구를 만나 결혼을 약속했던 1998년도 여름에, 내가 다니던 회사는 IMF의 파도를 넘지 못하고 문을 닫고 말았다.

그해 11월에 결혼식이 예정되어 있었지만, 퇴직금은커녕 밀린 임금도 받지 못하고 백수 신세가 되었다. 예비 처가엔 말도 못 하고 전전긍긍하던 무렵, 다니던 회사의 보험을 관리해 주던 담당자로부터 삼성화재 개인 보험대리점을 해보라는 제의를 받게 된다. 당시엔 보험 설계사 조직과 유사하게 공동 사무실에서 무자본으로 창업하는 개인 보험 대리점 사업부가 있었는데 IMF로 교육장이 앉을 자리가 없을 정도로 지원자가 많았었다.

일단 4주간 공부해서 시험을 보기로 했고, 여자 친구와는 한 번 떨어지면 그냥 취업하기로 합의했는데, 한 번에 덜컥 붙어 버린 것이다.

사실 개인 보험대리점 창업한 첫 달이 결혼식을 올린 달이다. 신혼집을 구할 상황도 못 되었기에 본가에 있는 내 좁은 방에서 신혼 생활을 시작했다. 지금도 아내에겐 참으로 미안해하는 일이다. 우여곡절 끝에 아내의 '시집살이'는 3년 만에 분가하면서 끝낼 수 있었고 무탈하게 잘 자라준 아들 셋과 보금자리가 그동안의 수고를 잊게 해 준다. 역시 그 어려웠던 순간 또한 지나간 것이다.

그러면 나의 보험 영업은 어땠을까?
모든 기초 영업 교육을 마치고 회사 문을 나서던 1998년 11월 어느 날을 잊지 못한다. 몸보다 마음이 추웠던 날!

"어딜 가서 누굴 만날까?" 아이러니 한 건 25년이 지난 지금도 보험 영업을 하는 나는 비슷한 고민을 한다. "어딜 가서 누굴 만날까?"

물론 25년 전의 막막했던 고민은 아닌 건 이 글을 읽는 모든 분이 알고 계실 것이다. 그 또한 지나간 거다.

돌아보면 우리네 인생이 시련과 고통만 있는 것은 절대 아니다. 즐겁고 행복하고 좋은 일들도 역시 그만큼 많이 생기게 되고, 그 또한 지나간다.

그러니 우리 일희일비(一喜一悲)하지 말고 살자.

이 또한 지나가리니 ~

양 선

17.

❏ 소개
1. 여여나무연구소
2. 부산진구 봉사센터 가야2동 캠프장 5년차
3. (사)부산 대한민국유권자총 연맹
   인성교육지도사 강사과정 및 강사 총괄매니저 5년차
4. 한국작가협회 김해지부/ 한국자서전 협회 김해지부
5. 전자책, 종이책 훈련저서, 기획저서, 저서전 출판전문
6. 전자책 종이책 포함 14권이상 출판

❏ 연락처
1. 블로그:https://blog.naver.com/yesing30
2. 네이버 검색: 양선

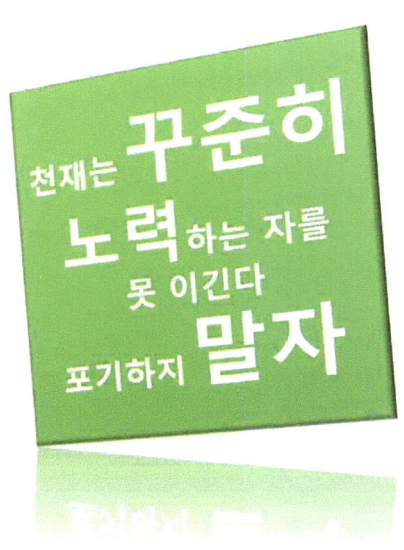

 내 좌우명은 "천재는 꾸준히 노력하는 자를 못 이긴다. 포기하지 말자."다. 이 좌우명은 더 나은 나를 만들고 아이를 키우고 장애우 상담과 학습 재활하면서 생겼다.

 세상은 똑같은 사람만 있는 것이 아니다. 잘하는 이도 있는 반면에 못 하는 이도 있다. 불편한 점이 있어도 말하지 않고 혼자 힘들어하는 사람도 있다. 난 그중에 한 사람이다. 난 그냥 있는 듯 없는 조용한 집에서는 딸, 학교에서 학생이었다. 학창 시절부터 직장 생활을 하면서 친구나 선배가 나에게 좌우명이 뭐냐고 질문에 난 부모님이 알려준 것만 생각났다.
 그땐 좌우명, 목표 이런 말이 무엇인지도 모르고 하루하루를 힘겹게 살았다.
 학창 시절 겨울방학 때 계획표를 만들던 생각이 난다. 친정

어머니는 매일 좌우명을 생각하고 움직이라고 말했다. 그런데 가족 좌우명이지 내가 생각하는 좌우명이 아니었다. 어떻게 적어야 할지도 몰랐다.

 나는 늘 결과에 대한 강박증을 가지고 있었다. 무언가를 시작할 때 결과에 매우 연연해했다. 친정어머님은 "시간별 계획을 세워야 해~~."라를 말을 자주 했다. 덕분에 계획을 세우는 일의 중요성을 배웠다.

 예전엔 나만의 좌우명이 없었고 정하기도 힘이 들었었다. 내가 할 수 없는 것이 너무 많다는 생각에 매일 나를 원망하면서 살아왔다. 결혼하고 출산 후 느린 딸을 키우고 반복 재활 학습하면서 좌우명이 생겼고 내가 할 수 있는 일을 찾았다.

아이를 키우면서 아이가 잘하는 것을 발견했다. 아이와 함께 꾸준히 반복 학습을 했다. 공부를 꾸준한 방식으로 하면서 내 것이 되었다.

 나는 새로운 것에 도전하는 것을 좋아하지만, 시작한 후엔 점점 영역이 좁아졌다. 이후 긴 시간의 명상을 통해서 겉으로 보이지 않는다고 해서 멈추지 말자고 다짐했다.

그 후 나의 좌우명은 "천재는 꾸준히 노력하는 자를 못 이긴다. 포기하지 말자.가 되었다.

 어떤 일을 하더라도 결과가 늦게 나올 수 있다, 난 공부가 제일 어렵다. 하지만 성적에 상관없이 내가 만들어 낸 흔적이 있기 때문에 공부는 꾸준히 하고 싶다. 공부 자체가 재미있다. 공부 중 꼭 반복하여 다음의 말들을 사용한다. "고맙습니다. 감사합니다. 덕분에 힘이 납니다. 행복합니다. 사랑합니다." 에너지 문장이다.

좌우명을 반복하면 에너지가 올라간다. 그리고 나를 올라서게 만드는 성공을 위한 계단이 된다.

여여나무연구소를 통해 책 쓰기를 하면서 신체에 기를 만들어가고 인연이 늘어나고 인연 속에 많은 것을 배워간다. 나누고 배우면서 서로가 행복함 느낀다.

내 일은 즐기면 행복을 느끼는 발판이 된다. 태어나고 죽음을 마무리할 때까지 똑같은 삶을 살아간다. 긍정 언어를 즐기면서 본인 삶이 달라지게 하는 곳이 바로 여기 여여나무연구소다.

이채민

18.

❏ 소개
전) 유치원 교사
　　교습소 운영
현) 유퍼스트 보험설계사
CS 강사 자격증
어린이집 원장 자격증
유치원 정교사/보육교사 자격증
플로리스트 자격증
경산교육지원청 교육장 우수교사 표창상 수상

❏ 연락처
1. 메일 : lcm02070@naver.com

어느 날 책 표지에 적힌 한 문장이 내 가슴을 울렸다.
'삶은 속도가 아니라 방향이다.'
이 한 구절을 보며 인생은 표지판도 없는 낯선 길을 걷는 것과 같다는 생각이 들었다. 오르막이 있고 내리막도 있는.

누구나 그 길 위에서 수없이 넘어지고 깨진다. 하지만 방향이 정해져 있다면 가는 길이 아무리 복잡하고 흔들려도 상관없을 것이다. 방향만 확실하다면 시간은 아무런 문제가 되지 않기 때문이다.

지난 내 삶을 되돌이켜 보면, 목적지는 정하지도 않은 채 그저 길이 나 있는 대로 달리기만 한 것 같다.
유년 시절부터 아이들이 좋아서 늘 장래 희망란에 선생님을 적곤 했다. 그래서인지 진로를 고민할 새도 없이 아주 자연스럽게 유아교육학과를 졸업 후 유치원 선생님이 되었다. 그렇게 한 해 한 해 쉬지 않고 열심히 일했더니 원내와 학부모들에게 인정받는 교사가 되어 교육청에서 수여하는 우수한 교사 표창장도 받았다.

경력도 차츰 쌓여가며 직급도 상향되었지만, 무언가 늘 내 일에 만족감을 느끼지 못했고, 다른 배움을 찾는 내 모습을 보았다. 그래서 식당과 미용 학원도 운영해 보고, 판매직과 서비스직도 경험해 보며 참으로도 열심히 30대를 살아온 것 같다.

누구나 생각은 넘치지만, 그것을 행동으로 옮기는 사람은 많지 않다. 무슨 일이건 하지 않고 후회하는 것보다 해보고 후회하는 것이 낫다고 생각했었고, 그 경험이 살아있는 지혜가 되어 삶을 바꿀 수 있다고 믿었다. 무슨 일이건 행동하는 사람은 성공할 수도, 실패할 수도 있지만, 아무것도 하지 않는 사람은 실패조차 할 수 없고 또 그 어떤 것도 이룰 수 없다고 생각한다.

그래서 우연히 보게 된 그 책 표지의 제목이 나의 좌우명이 되었고, 지금도 나는 이 좌우명을 늘 마음속에 되새기며 살아가고 있다. 그렇게 시간이 지나 몇 해 전 나는 결혼 후에 아이를 출산했고 경력 단절이 되어 육아에만 매진하고 있다. 집에 있는 시간이 길어지다 보니 점차 자존감도 낮아지고 우울

감도 생겼다. 다시 복직할 수 있을지에 대한 불안감으로 하루하루를 보내던 중 우연히 친척의 권유로 보험업계에 발을 들이게 되었다. 나에겐 새로운 도전이다. 이 직종이 나에게 맞을지 안 맞을지, 또 이 일이 내 평생직업이 될지 안 될지는 아직 모른다.

하지만 한 가지 중요한 사실은 앞으로 나아갈 방향과 목표가 생겼다는 것이다. 무조건 성공에만 매달리지 않는다. 내가 진짜 즐기면서 잘할 수 있는 일이 무엇인지를 알고 이 일을 왜 해야 하는지 방향이 정해진 것이 중요하다고 생각한다. 일찍 서둘러 간다면 멈추기도 어렵고 방향을 바꾸기도 쉽지 않다.

내 인생의 방향을 정한 지금, 나는 내 목적지를 향해 천천히 서두르지 않고 전진해나갈 것이다.

여러분도 가던 길 잠시 멈추고, 쉼을 가지며 자신의 삶의 방향을 명확히 정한 후 출발하자. 인생은 속도보다 방향이 중요하다.

강다희

19.

❑ 소개
한일초등학교 중국어강사
ECC영어학원 중국어강사
DB손해보험 로얄매니저
고대안산병원 보험청구전담
안산한도병원 보험청구전담
한국보험금융 지사장

❑ 연락처
yozm21@naver.com

일단은 도전해 보자.
"무엇을 하든, 먼저 도전하라. 아무것도 시도하지 않으면
아무것도 이루어지지 않는다."
-로버트 슐러(Robert Schuller)-

 도전이란!! 미지의 영역에 발을 내딛고 자신의 한계를 시험하며 성장하고자 하는 의지와 행동을 의미한다.
 도전은 기존의 익숙한 환경을 벗어나 새로운 경험과 배움을 얻기 위한 과정에서 발생한다.
 도전하는 과정에서 새로운 경험을 통하여 자신을 더 깊이 이해하고 진정한 자아를 발견할 수 있다.

 그렇다면 도전 앞에 '일단은'을 더한다는 것은 완벽하게 준비되지 않았더라도, 과감하게 첫발을 내딛는 결단을 의미한다.

그럼에도 불구하고 나는 새로운 일을 시작하기 전에 속으로 '해야 하나? 말아야 하나?' 고민하고 고민하면서 어렵게 '일단은 도전해 보자'라는 결단을 하곤 한다.

중국어 강사에서 DB 손해 설계사로, DB 손해에서 한국브험 금융(GA 대리점)으로 직장을 바꿀 때도 그랬다.

처음 보험을 시작할 때 '과연 내가 잘할 수 있을까?'라는 질문이 항상 머릿속을 맴돌았다. 하지만 막상 시작하고 보니 뜻하지 않은 곳에서 보험 문의를 하고 계약이 이루어졌다. 그뿐만 아니라 2020년도에는 '도입왕'으로 선정되는 명예로운 순간도 경험했었다.

병원에서의 보험 청구도 마찬가지였다. '내가 잘할 수 있을까?'라고 생각하며 속으로 망설이기도 많이 했다. 하지만 고객상담부터 보험금 청구, 숨은 보험금 찾아주기, 보험 리모델링 등 내가 맡은 업무를 완벽하게 소화하기 위하여 많은 노력을 했다. 그 결과 고객들은 감동했고 나는 성장과 보람이라는 선물을 받았다.

이 모든 것을 이루기까지 순탄하지만은 않았다.
현재는 한국보험금융에서 지사장으로 열심히 뛰고 있다. 이제는 보험 아니면 할 일이 없을 것 같다. 하지만 영업에는 다양한 방법과 스킬이 필요하다.

'영업은 어떻게 해야 할까? 앞으로 또 어떠한 선택과 도전이 나를 기다리고 있을까?' 이런 질문을 하며 나는 또다시 성장하고 발전한다.

분명 도전이란 두렵고 힘든 일이다.
하지만 시도했을 때 우린 더 큰 것을 얻는다.
그래서 나는 오늘도 도전한다.

여러분도 나와 함께 도전하자.

민진기

20.

❏ 소개
1. 유퍼스트보험마케팅(주) 태화지사 3본부장
2. 개척영업 시스템 구축 성공
3. 우리는 인생설계사 [공저] 저자
4. 보험개척자 나의 도전과 성공기 [전자책] 저자

❏ 연락처
1. 블로그: https://blog.naver.com/eroom2080
2. 네이버 검색: 민진기

　나의 좌우명인 "누군가 해낸 일이라면 나도 할 수 있다."에 대해 이야기하고자 한다. 이 좌우명은 단순한 말이 아니라, 내 인생의 나침반이자 목표를 향한 추진력이다. 평생 실패만 하던 내가 2018년 보험영업을 시작하면서 어떻게 변화했는지, 그리고 그 과정에서 경험을 통해 얻은 교훈을 나누고 싶다.

　2018년 8월, 나는 보험영업의 세계에 발을 들였다. 처음에는 두려움과 불안이 가득했지만, 그 속에서 발견한 것은 희망의 빛이었다. 내가 보험영업을 시작한 지 4개월 만에 지점장으로 승진하게 되었고, 이는 나에게 큰 자신감을 주었다. 개척 영업의 시스템과 교육 시스템을 개발하면서, 나는 나의 경험을 바탕으로 다른 사람들도 성공할 수 있도록 돕고 싶다는 열망이 커졌다.

　나의 좌우명은 실패를 두려워하지 않고 도전하는 데서 비롯되었다. 나는 여러 번의 실패를 겪으며 그 안에서 귀중한 교훈을 얻었다. '하고잽이'라는 별명처럼, 무슨 일이든 해보려는 나의 태도는 나를 다양한 경험으로 이끌었다. 그 과정에서 주변 사람들의 시선이 두려웠지만, 나는 그들의 기대를 넘어서는 성공을 이루고 싶었다.

　보험 일을 시작할 때, 경쟁자가 나에게 큰 자극이 되었다. 그분의 뛰어난 실적을 보며 '나도 할 수 있다.'라는 마음이 생겼고, 그로 인해 더욱 열심히 노력하게 되었다. 처음 몇 달 동안은 실적에 대한 비교로 고통을 느끼기도 했지만, 결국 경쟁이 나를 성장하게 했다. 목표를 세우고 달성하기 위해 끊임없이 도전하는 것이 내 성공의 원동력이 되었다.

　나의 경쟁자이자 멘토인 그분은 나에게 큰 영감을 주었다. 그와 만남은 단 한 번도 없었지만, 나는 그의 성공을 통해 많은 것을 배웠다. 그의 실적을 보며 나도 그에 맞서고 싶다는 마음이 들었고, 이를 통해 나의 목표를 확고히 할 수 있었다. 성공하는 사람들의 이야기를 듣고, 그들의 경험을 내 것으로 만드는 것이 얼마나 중요한지를 깨달았다.

　목표를 세우고 달성하기 위해서는 끈기와 인내가 필요하다.

나는 본부장으로 승진하며 내 팀의 성장과 발전을 위해 노력했다. 40여 명의 설계사와 함께 매출 3,000만 원을 달성하게 되었고, 이는 나뿐만 아니라 팀원들의 노력과 협력이 있었기에 가능했다. 누군가 해낸 일이라면 나도 할 수 있다는 믿음이 나를 이끌어 주었다.

나는 항상 더 높은 곳을 바라보았다. 그 사람이 할 수 있는 일이라면 나도 할 수 있다.
이는 나의 좌우명이며 스스로에게 힘을 주는 보약이다.

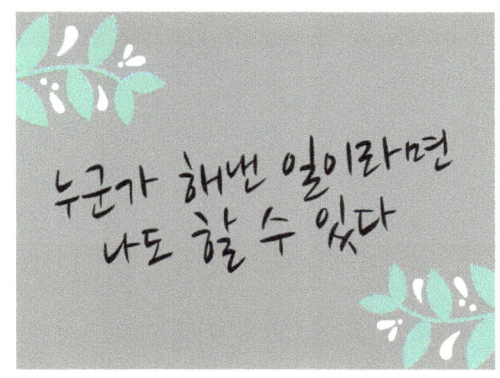

3장

긍정의 힘

문 정 훈

21.

❏ 소개
1. 박물관을 사랑하고, 박물관에서 일하는 사람
2. 박물관교육과 문화예술교육의 가치를 실현하고자 노력하는 사람
3. 민속학, 박물관교육학 전공

❏ 연락처
인스타그램: @museumand_

　나의 삶을 채우는 단어는 '긍정 肯定'이다. 사전적 의미는 '그러하다고 생각하여 옳다고 인정함.'으로, 나의 '긍정'은 '낙관적 樂觀的'인 의미와 비슷하다. 인생이나 사물을 밝고 희망적으로 보는 것. 그리고 앞으로의 일 따위가 되리라고 생각하는 여기는 것을 뜻한다.

　나에게 긍정의 힘은 사랑하고 좋아하는 일을 지금까지 할 수 있는 게 만든 원동력이다. 어릴 적 박물관, 미술관 등 문화 예술이 있는 공간을 좋아해서 자주 다녔고, 자연스럽게 그곳에서 일하는 사람이 되고 싶다는 생각을 가지게 되었다.

　하고 싶은 일을 하며 안정적으로 일하고 싶은 나의 소망은 오랜 시간 현실의 벽에 부딪혔다. 계약직 업무의 한계는 해소되지 않는 갈증과 같았다. 하지만 내 마음 깊은 곳에는 더운

여름 아이스 아메리카노 같은 시원한 답을 가지고 있었다. 긍정적인 생각과 신념으로 내가 원하는 모습을 그리면 이루어진다는 믿음이다. "무슨 생각을 하느냐가 어떤 사람이 되는지를 결정한다."라는 오프라 윈프리의 말과 같이, 온 우주의 기운은 언제나 나를 향하고 있고, 능력은 얼마든지 발전시킬 수 있다고 믿는 마음가짐이다.

이 긍정적인 마음가짐이란 해답은 부딪히는 현실의 벽에도 다치지 않는 어벤져스 같은 단단한 나를 만들었다.

하지만 힘들 때는 답도 소용이 없었다. 내가 정말 좋아하는 일인지 회의감이 들었고, 오랜 시간 해 온 일이라 익숙해져 놓지 못하고 있는 것인지 답을 내리지 못하는 내 모습이 답답했었다.

어느 날 프로 바둑 기사 조훈현 국수 國手의『고수의 생각법』이란 책을 보게 되었다. 바둑이 가르쳐 준 바에 따르면, 세상에 해결하지 못할 문제는 없다고 한다. 집중하여 생각하면 반드시 답이 보인다고 한다.

달라지고 싶었다. 답을 찾아야만 했다. 변화를 위해 다양한 분야의 책들을 보고, 사람들을 만나며 도움이 되는 경험을 차곡차곡 쌓아갔다.

그 속에서 찾은 답은 내가 가진 사고방식, 마음가짐인 '긍정'의 힘이었다. 할 수 있다는 믿음을 가지고 상황과 사람들을 밝고 희망적으로 해석하려고 노력했다.

자신에게 집중하고 생각을 정리하니 해답은 나에게 있었다.

현실의 한계에도 불구하고 상황을 긍정적으로 바라보고, 자신을 믿고 도전하고 노력하여 좋은 성과를 이루어 낸 원초적 힘은 내가 가진 긍정의 힘이었다.

생각이 바뀌면 행동이 바뀌고, 행동이 바뀌면 습관이 바뀌고, 습관이 바뀌면 성격이 바뀌고, 성격이 바뀌면 운명이 바뀐다는 말이 있다. 생각과 마음가짐이 운명까지 바꿀 수 있다는 말이다.

우리는 잘해 왔고, 잘하고 있다. 좋은 생각, 긍정적인 생각으로 인생을 대하면 온 우주가 우리 모두를 응원할 것이다. 내가 그리는 삶, 우리가 모두 꿈꾸는 모습은 긍정의 힘으로 이루어 낼 수 있다.

임 종 호

22.

❏ 소개

1. (현) 유퍼스트보험마케팅(주) 설계사
2. (전) 더블유와이컴퍼니 대표
3. 증권투자상담사
4. 제빵기능사

❏ 연락처

1. 이메일: jonghoim1024@naver.com

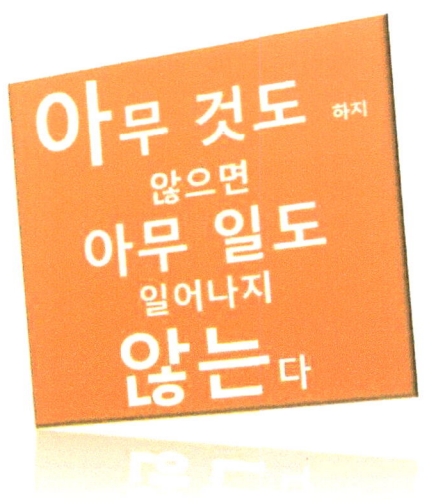

인생을 살아가면서 나는 종종 선택의 기로에 서거나, 어떤 행동을 할지 말지 주저하는 순간을 맞이하곤 한다. 이때, 나의 결정을 이끄는 중요한 요소 중 하나가 바로 좌우명이다. 좌우명은 인생의 방향을 제시하고, 내가 추구해야 할 가치를 일깨워 주는 길잡이 역할을 한다.

"아무것도 하지 않으면 아무 일도 일어나지 않는다."라는 나의 이 좌우명은 이러한 점에서 매우 강력한 메시지를 담고 있다. 이는 변화와 성취를 위해 필요한 것은 바로 나의 '행동'이라는 점을 강조한다. 또한 일상에서 실천과 노력을 통해 내 삶을 더 나은 방향으로 이끌어가도록 격려한다.

목표를 설정하는 것은 중요한 첫걸음이지만, 그 목표를 이루기 위한 계획과 행동이 뒤따르지 않으면 그 목표는 그저 꿈에 불과하다. 예를 들어, 건강한 몸을 유지하기 위해서는 단지 건강해지고 싶다는 바람만으로는 부족하다. 규칙적인 운동, 균형 잡힌 식사, 충분한 수면 등이 모두 함께 이뤄져야 한다. 행동이 수반되지 않는 목표는 공허한 외침일 뿐이다.

"아무것도 하지 않으면 아무 일도 일어나지 않는다."라는 이 글귀는 반복되어 온 일상이 따분하고 재미가 없어서 열정이 식어버린 어느 날 우연히 내 눈에 들어왔고 내 좌우명이 되었다. 이 글귀를 보다가 매우 단순하지만 너무나 맞는 말이라는 생각이 들었고, '나는 과연 일상생활 속에서 어떻게 하고 있는가?'라는 질문을 나 스스로에게 하게 되었다.

마침, 열정이 식어 버린 시점이라 너무나 나 자신에게 부끄러웠던 시절이었다. 이 글귀대로 하나씩 행동하기로 결심했다. 고객을 찾아 움직이고 고객에게 전화했고 낯선 곳을 찾아다니기 시작했다. 그러면서 성과가 나타났다.

그 경험을 통해 언제나 잘하려고 했지만, 행동은 뒷전이었던 내 모습을 반성하게 되었고 이 말을 더욱 신뢰하게 되었다.

가장 중요한 것은 실패를 두려워하지 않는 것이다. 어떤 일을 시도하면 실패할 가능성도 있지만, 동시에 성공할 가능성도 열린다. 실패는 단지 하나의 과정일 뿐, 목표에 도달하기까지의 길을 수정할 기회로 삼아야 한다.

"아무것도 하지 않으면 아무 일도 일어나지 않는다"라는 좌우명은 단순한 격언을 넘어, 내 삶과 사회에 적용할 수 있는 매우 실질적인 가르침을 준다. 목표를 세우고, 그 목표를 향해 나아가기 위해, 필요한 것은 주저하지 않는 행동과 주어진 순간마다의 실천이다.

이를 통해 나는 자신의 성장과 변화를 끌어낼 수 있다. 이러한 실천적 태도를 지향할 때, 나는 비로소 진정한 의미의 변화를 이뤄낼 수 있을 것이다.

조경희

23.

❏ 소개
1. 연진 사주 타로 대표
2. 한국자서전협회 부천지부장
3. 전자책, 자서전 출판 지도사
4. 전자책, 종이책 포함 8권 출판
5. KAC 코치
6. K 글로벌 리더 아카데미 1기

❏ 연락처
1. 블로그: https://blog.naver.com/magocho
2. 네이버 검색: 조경희

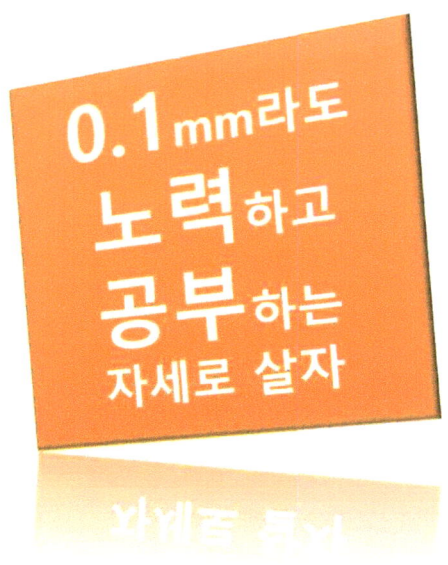

　나의 좌우명은 "0.1mm라도 노력하고 공부하는 자세로 살자"이다. 이 말은 우리가 매일 아주 작은 변화라도 이룰 수 있다면 그것이 결국 큰 목표로 이어진다는 믿음을 나타낸다. 세상을 바꾸기 위해서는 거대한 변화만을 꿈꾸는 것이 아니라, 매일의 작은 실천이 모여 큰 결과를 만든다는 사실을 깨달았다. 좌우명은 단순한 문구를 넘어서 내 삶의 나침반이자, 나 자신을 끊임없이 성장시키는 동력이 되어주었다.

　매일 아침, 나는 홍익사행도의 네 가지 실천 덕목을 외치며 하루를 시작한다. 그 순간마다 내 안에 깊은 울림이 일고, 오늘 하루도 생기 가득한 날이 될 것이라는 확신을 얻는다. 우주의 빛처럼 파란 작은 액자에 적힌 덕목들, 즉 "이웃을 위해 무엇을 할 것인가?", "사회를 위해 무엇을 할 것인가?", "나라를 위해 무엇을 할 것인가?", "인류를 위해 무엇을 할 것인가?" 이 네 가지 질문은 내가 하루를 살아가는 기준이 되었다. 이 실천 덕목들은 내 삶의 기준이며, 널리 사람을 이롭게 하고자 하는 홍익정신을 담고 있다. 나는 나만을 위한 존재가 아니라, 함께하는 사람들과 사회와 인류를 위해 존재한다는 사실을 매일 깨닫는다. 그 질문을 외칠 때마다 나 자신이 단단해짐을 느끼고, 더 넓은 세상을 향한 내 의지를 다지게 해준다.

그러나 좌우명을 갖기까지, 나는 많은 우여곡절을 겪었다. 처음에는 나와 가족의 행복만을 위해 살고자 했다. 하지만 자연은 나에게 이별과 고통을 통해 그것이 내 삶의 답이 아님을 깨닫게 했다. 명상과 마음 수련을 통해, 나는 비로소 한 개인의 삶이 아닌, 만 중생을 위한 삶을 살아야 함을 알게 되었다. 그 깨달음에 이르기까지는 오랜 시간이 걸렸다. 나의 삶은 개인에서 시작해 민족과 인류로 확장되었지만, 그 과정에서 내가 외치는 이념과 실제 삶 사이에 큰 괴리감이 있었다. 어떤 노력이 필요한 것일까?

이 괴리감을 극복하기 위해서는 나 자신을 돌아보고, 생활 속에서 작은 실천을 시작해야 했다. 큰 목표를 이루기 위해서는 일상에서부터 작은 노력을 기울여야 한다는 것을 알게 되었다. 영혼의 뼈와 살이 되는 스승의 가르침을 통해 지나온 시간들의 모순을 깨닫고, 그 모순들을 바로잡기 위한 생활도 공부를 시작했다. 자연의 흐름과 법칙을 이해하고 나니 사람들의 행동에도 통찰이 생겼고, 그 이치가 보이기 시작했다.

내게 주어진 환경을 공부한다는 마음으로 노력하려고 하니 자연에 순응하게 된다. 나 자신이 누구이며, 내가 해야 할 일들이 무엇인지를 명확히 깨달으니, 앞으로 나아가야 할 방향이 더욱 분명해졌다.

당신의 삶에 좌우명이 없다면, 오늘 이 순간부터 작은 한 걸음이라도 목표를 설정해 보길 바란다. 인생의 방향을 제시해 주는 좌우명은 그 자체로 삶의 나침반이 될 수 있다. 좌우명은 어려운 순간마다 우리를 일으켜 세우고, 목표를 향해 흔들림 없이 나아가게 한다. 중요한 것은 완벽한 결심이 아니라, 0.1mm라도 꾸준히 노력하는 자세이다. 작은 실천들이 쌓여 당신을 더 나은 사람으로 만들 것이다.

작은 노력이라도 꾸준히 이어나가면 그것이 결국 우리의 삶을 바꿀 수 있다. 매일 0.1mm라도 성장하기 위해 노력하는 자세가 우리의 삶을 크게 변화시킬 것이다. 내가 매일 아침 홍익사행도의 실천 덕목을 외치며 하루를 시작하는 것처럼, 여러분도 자신만의 실천 덕목을 마음에 새기고 그것을 실천해 보길 바란다. 성장은 한순간에 이루어지지 않는다. 우리의 삶은 0.1mm의 작은 한 걸음의 노력에서 시작된다.

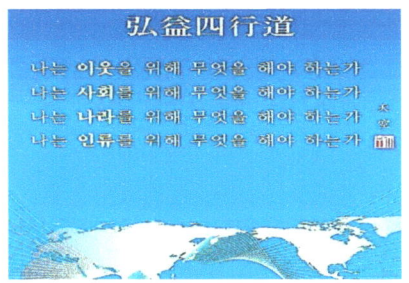

조선자

24.

❑ 소개

1. 경북 상주 출생
2. 계명대학교 통계학과 졸업
3. 중등교사 2급 정교사 자격증 취득
4. 공인중개사 자격증 취득
5. 우리카드 하반기 우수상 수상
6. 유퍼스트보험마케팅(주) 태화3본부 지점장(현)

❑ 연락처

1. 이메일: soo6125@naver.com

　나의 좌우명은 "아무리 힘들어도 죽으란 법은 없다."이다. 이 좌우명은 내가 너무 힘들어 앞으로 나아가기 힘들고 희망이라는 단어조차 생각 못했던 시기에 기적처럼 다시 일어서게 된 원동력이 되었다. 더불어 나의 강한 의지, 욕심, 열정은 주변 사람들의 도움이 있었기에 가능한 일이었다고 생각한다.

　인생은 예기치 못한 일들로 가득 차 있다. 중학교 교사를 하다가 그만두고 28년 전, 나는 가정주부로 사는 삶을 시작했고 아들 둘을 키우며 시어머니, 시동생과 한 지붕 아래에서 같이 살게 되었다

　그 과정에서 경제적으로 너무 힘든 시기가 왔고, 영업이라

고는 해 본 적 없던 내가 2003년에 우연히 카드사에 입사했다. 카드사에서 카드 현장 영업을 통해서 가정을 지켰고, 남편의 사업자금을 보태주며 경제적 안정을 마련하기 위해 헌신했다.

이러한 상황 속에 2008년 무렵 제2의 경제적인 가정 위기가 왔다. 먹고살기가 막막했고 모든 게 무너지는 것 같은 시기였다. 그때 지인에게 들은 "아무리 힘들어도 사람이 죽으란 법은 없다." 그 메시지가 큰 울림으로 다가왔고 이후 힘든 상황에 부닥칠 때마다 그 말은 나에게 큰 힘이 되어주었다.

힘든 순간이 오면 감사하게도 어디선가 돈이 생겼다. 삶에 희망이 생겼고 고객의 신뢰를 얻으며 내가 바라던 것들이 자연스럽게 성취가 되곤 했다.

최선을 다해 고객을 위해서 인내하고 노력했고 힘든 일이 생길 때마다 이 좌우명을 생각하며 희망의 끈을 놓지 않았다. 노력의 결과 카드사에서는 수석 팀장이 되었다. 연도 시상식에서 우수상을 받기도 하고 꾸준히 200차월 이상 일해왔다.

이후 보험회사에 입사했고 지점장님, 팀장님들, 부장님들 덕분에 본부로 승격 후 지점장으로 승진해서 꾸준히 일을 하고 있다. 보험 관련 신상품이 나오면 반드시 공부하고 이해해서 고객한테는 전문가의 느낌이 들게 노력한다. 상품에 대해서 팀원들이 궁금해하는 부분이 있으면 해결사 역할을 하는 지점장이 되려고 애를 쓰고 있다.

긍정적인 마음가짐과 희망을 잃지 않으려는 나의 자세가 나를 이끌었다. 이제는 내가 겪었던 모든 어려움이 내 인생을 더욱 풍요롭게 만들어 주었다는 것을 깨닫는다.

  앞으로도 이 좌우명을 떠올리며 매일매일 최선을 다해 살 것이다. 어두운 터널을 지나면 항상 빛이 기다리고 있듯이 절망 속에서도 희망의 불씨를 잃지 않고, 어려움이 닥쳐도 포기하지 않고, 계속해서 나아갈 것이다.

  "아무리 힘든 일이 있어도 죽으란 법은 없다"라는 이 말은 나와 우리 모두의 인생을 이끌어주는 나침반이 되어 줄 것이다. 모두의 멋진 인생을 응원한다.

김지애

25.

❏ 소개

저는 현재 보험회사 지점장으로 일하고 있다.
5년 전 보험 업계에 뛰어들어 열심히 영업 활동을 해왔고,
그 결과 지금은 빛나는 성과를 이루고 있다.
정년이 걱정 없는 보험 업계에서 제 삶의 꽃을 더욱 활짝
피우고 싶다. 고객과 동료들과 함께 성장하며 더 많은 가치를
만들어가는 것이 나의 목표다.

❏ 연락처
1. 이메일 : rlawldo3331@naver.com

　나는 60세의 여성으로, 많은 굴곡을 겪으며 인생을 살아왔다. 그 시작 또한 결코 순탄치 않았다. 아들, 딸이 갓난아기였던 시절, 집안에 경제적으로 힘든 일이 생겼다. 그 당시에는 두 아이를 키우며 생계를 꾸려나가야 했기 때문에, 매일매일이 전쟁과도 같았다. 힘든 상황 속에서 내가 선택할 수 있는 것은 오직 한 가지, 바로 열심히 일하는 것뿐이었다.

　그렇게 나는 아이들을 업고 장사에 나섰다. 처음에는 작은 시장에서 시작했고, 점차 여러 가지 사업에 도전했다. 장사면 장사, 영업이면 영업 어떤 일이든지 가리지 않고 최선을 다해 도전했다.

그 과정에서 많은 실패와 좌절도 겪었지만, 그때마다 포기하지 않고 다시 일어났다. 매일매일의 작은 성취가 나를 더욱 강하게 만들었고, 나중에는 그 모든 경험이 인생을 살아가는데 큰 자산이 되었음을 알게 되었다.

시간이 흐르면서, 나는 보험업계에 발을 들이게 되었다. 처음에는 낯선 분야라 두려움이 컸지만, 나의 좌우명인 "나에게 불가능은 없다" 이 말을 마음에 새기며 시작했다. 보험영업은 고객들과 신뢰를 쌓고, 그들에게 진정한 가치를 제공하는 일이었다. 매일 고객을 만나며 다양한 삶의 이야기를 들었고, 그들의 필요를 이해하며 관계를 맺어갔다. 처음에는 어려움이 많았지만, 그 과정에서 끊임없는 노력과 연습이 얼마나 중요한지를 깨달았다.

노력한 덕분에 이제는 보험업계에서 성공한 여성 중 한 명으로 인정받고 있다. 이 경험은 단순히 내 삶을 변화시킨 것이 아니라, 나와 같은 여성들에게 희망의 메시지를 전달하고 있다. 내가 겪었던 어려움과 극복의 이야기는 많은 이들에게 힘과 용기를 주고 있어서 참으로 보람되고 감사하다.

"나에게 불가능은 없다"라는 이 좌우명은 단순한 말이 아니다. 이 말은 내가 이루고자 하는 모든 목표에 대한 확신과 믿음을 담고 있다. 나는 앞으로도 이 좌우명을 가슴에 새기고, 더욱 많은 도전을 맞이할 것이다. 세상에는 불가능한 일이 없다는 믿음을 가지고, 내가 만나는 모든 이들에게 긍정적인 영향을 미치기 위해 노력할 것이다.

이제 나는 내 삶의 모든 순간을 소중히 여기며, 아들, 딸과 함께 행복한 시간을 더욱 즐기고 있다. 힘든 시절을 겪으면서도 포기하지 않고 일어선 내 이야기는, 앞으로도 많은 이들에게 영감을 줄 것이다.

"나에게 불가능은 없다" 이 다짐이 나를 이끌어주고, 내내 삶을 더욱 풍요롭게 만들어 줄 것이라 확신한다.

당신의 인생에도 불가능은 없다.

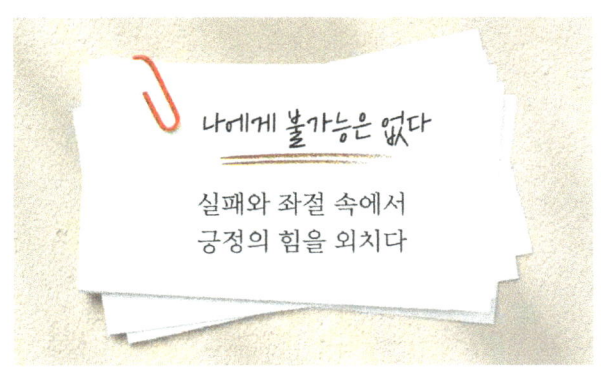

김해경

26.

❏ **소개**
1. 유퍼스트보험마케팅(주) 태화지사 지점장(현)
2. 잘 나가는 보험 전문가 "보장분석이야기" 출판
3. 꽃꽂이 사범 자격증
4. 조경사(1급) 자격증

❏ **연락처**
1. 이메일 : khk792@daum.net

　인생은 끊임없는 변화와 도전의 연속이다. 60세에 접어든 지금, 나는 주부에서 보험설계사라는 새로운 길을 걷고 있다. 이러한 과정을 통해 얻은 경험과 깨달음은 내 인생의 좌우명인 "최선을 다하자"에 깊이 연결되어 있다.

　주부로서의 삶은 나에게 가족의 소중함과 함께 집안의 모든 일을 책임지는 큰 역할을 안겨주었다. 그러던 내가 보험설계사로서의 길을 선택하게 된 것은 새로운 도전을 향한 열망 때문이다. 처음에는 많은 두려움과 불안이 있었지만, "최선을 다하자"라는 마음가짐으로 그 도전을 당당하게 받아들였다.

　보험설계사로서의 첫발을 내디뎠을 때, 많은 어려움이 있었다. 고객을 만나는 것도, 그들의 신뢰를 얻는 것도 쉽지 않았다. 하지만 나는 매 고객과의 만남에서 최선을 다해 그들의 needs를 이해하고, 적합한 보험 상품을 제안하기 위해 노력했다. 그 과정에서 고객들의 신뢰를 얻고, 관계를 쌓아가는 기쁨을 느꼈다.

지점장으로 성장하는 과정에서도 마찬가지였다. 팀원들과의 소통, 목표 달성을 위한 전략 세우기, 그리고 어려움을 함께 극복하는 과정에서 나는 항상 "최선을 다하자"라는 마음가짐을 잃지 않으려고 노력했다. 그 결과, 억대 연봉을 달성하고, 많은 사람에게 긍정적인 영향을 미치는 지점장이 되었다.

그 과정에서 힘들고 어렵고 가슴 아픈 시간도 많았다. 하지만 늘 모든 것은 다 잘될 것이라는 긍정의 마음을 갖고 내 맡은 역할에서 최선을 다했다. 이런 나의 마음과 행동이 좋은 결과를 만들었다고 생각한다.

이런 내 모습을 보면서 나와 함께 하는 분들에게도 좋은 영향과 동기부여가 되고 있기에, 이 또한 참으로 감사하고 보람된 일이다.

이제는 내 삶의 모든 순간에 "최선을 다하자"라는 신념을 적용하고 있다. 작은 일이라도 최선을 다할 때, 그 결과는 반드시 돌아온다는 믿음이 있다. 이 좌우명은 나를 더욱 강하게 만들고, 매일을 더 의미 있게 살아가게 한다.

"최선을 다하자"라는 말은 단순한 문구가 아니다. 그것은 내 생의 지침이며, 앞으로의 도전에서도 나를 이끌어 줄 길잡이다. 나는 앞으로도 이 좌우명을 가슴에 새기고, 계속해서 최선을 다해 나갈 것이다.

최선은 사람의 몫이고 결과는 하늘의 몫이다. 우선 우리가 할 일은 최선을 다하는 것뿐이다. 최선을 다해 살아가는 여러분들의 멋진 인생을 늘 응원한다.

최선을 다하자

작은 일이라도 최선을 다할 때
그 결과는 반드시 돌아온다

박은란

27.

❏ 소개
재능교육(주)교사
학원강사(수학)
SOS콜 손해사정 사무소
미래에셋생명FC 테헤란지점
LH공사 주거복지부 업무지원팀
농수산식품부 가축위생방역지원본부
광주고용센터 취업지원과
사회복지사 평생교육사

❏ 연락처
E-mail : smilebank.01@hanmail.net

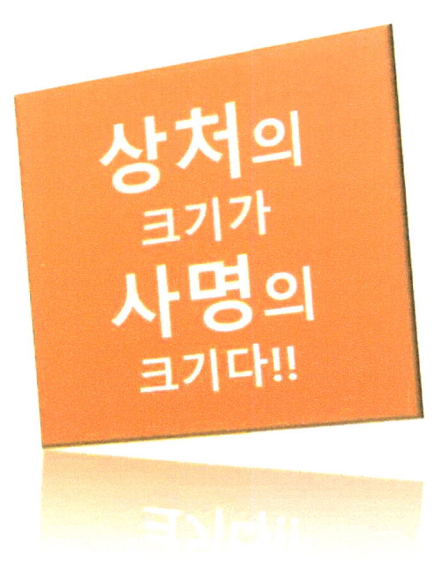

　대학 시절은 내 성향을 E로 바꿀 수 있었던 결정적 계기가 되었다. 가정교사가 되기 위해 가정학과를 입학한 나는 대학 수업과 동아리 활동을 하면서 반복적이고 창의성이 없는 성향을 싫어한다는 점을 알게 되었다. 그래서 통도 크게 주거학이라는 전공필수 과목을 D°를 맞고 국어국문학과 수업을 들었다. 밤이면 캠퍼스에 둘러앉아 국문과 학생들과 언어의 미학과 밤하늘 별들이 비추는 캠퍼스 잔디 위에서 아주 작지만, 세상을 향해 있는 '나'라는 존재를 다시 앵글에 담았다.

　나는 사회학 수업을 들으며 미래 진로에 대한 꿈을 정했고, 졸업 후 호주로 유학을 가 세계적인 사회학 석학이 되어 외국에서 성공하여 우리나라와 인류의 평화를 돕고 싶었다. 세계적인 기부센터 설립도 함께.

그러나 많은 가족과 농사일로 항상 피곤을 몸에 달고 계신 어머니를 떠날 수 없었다. 나는 혼자서도 세계적인 석학이 되어 평생 학문을 연구하며 살 수 있는 길이 선명하게 브였지만 어머니를 외면하고 유학길에 오르면 어머니께서 꼭.... 돌아가실 것만 같았다.

나는 내 깊은 꿈을 자연스레 접고 시골에서 아이들을 가르치며 어머니 농사일과 가사 일을 도우며 3년만 봉사하자 마음먹은 것이 결혼으로 이어졌고 내 삶의 98%를 잃게 되는 큰 상실을 맛보았다. 그것은 내 삶 전체의 정체성과 존재가 흔들릴 만큼 큰 상처가 되었다.

내 나이 이제 50세!

작년에 사랑하는 아버지를 갑자기 잃었다. 나는 내 전부를 드려도 갚을 수 없는 아버지 사랑을 실천하며 살 것이다.

이제는 오랜 시간 안으로 접었던 마음을 밖으로 펼친다. 우리는 인생을 살면서 내 뜻대로 살지 못한 경우도 많다. 그러나 상처받은 만큼 너무나 어이없게 하루아침에 모든 것을 다 잃는 슬픔이 올지라도 내가 품은 가치와 세상을 향한 사랑과 환원만은 잃지 말자.! 우리가 세상을 살면서 실현할 일은 '가치 있는 일'과 ' 견고히 긍정적 미래 비전을 수립' 하는 일이다. 사랑하며 사는 사람은 사랑하며 사는 방법을 안다. 잠깐 왔다 가는 우리의 인생. 우리는 무엇을 하며 살아야 할까? 코로나 시대 이후 더욱 통감한다.

'*修身齊家 治國平天下*' '*家和萬事成*' 우리나라 국민은 현실을 외면한 채 자신의 경제적 부와 삶에 관심이 더욱 많은 것 같다. 지금까지 일제 시대 이후 남.북으로 분단되어 대립하고 있다.

자주적인 나라의 정체성을 확립하고 평화적인 통일과 지구 온난화로 지구환경을 위협하는 요소를 제한하고 친환경적이고 살기 좋은 세상을 만들었으면 좋겠다.

"세상을 향한 긍정적 바램이 있다면
누군가의 꿈이 되어 반드시 피어난다.!"

이대강

28.

❑ 소개

1. 쿠팜창업w성공연구소 대표(5년차)
2. 이대강플라워 대표(12년차)/ 달꿈 직업멘토 강사(9년째)
3. (꽃집)창업컨설팅, 책쓰기, 정부지원사업 전문
4. 꽃판매 누적 30만건 이상 , 조경시공 150건 이상,
   "사람이 몰리는 꽃집창업의 비밀" 외 15권 이상 집필
5. 초중고 직업멘토링 5만명 이상(450여개 이상)
   성인 창업컨설팅 500명 이상(대기업 임직원 외 다수)
6. 온/오프라인 책쓰기 수강생 1000명, 꽃집창업 수강생 1000명, 정부지원사업 컨설팅 500명 이상
7. 서울시 서초구 양재동 양재동꽃시장 나동 101호,
   70년째 가족과 함께 3代째 운영

❑ 연락처

1. 블로그: https://blog.naver.com/globalc25
2. 네이버 검색: 이대강
3. 카카오톡 채널 : "이대강" 검색후 추가

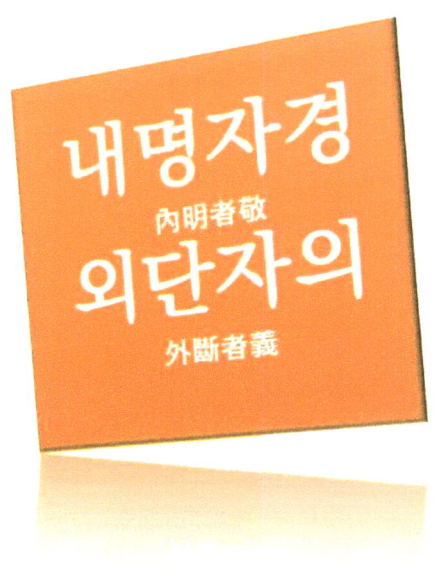

　내 삶의 좌우명은 '내명자경 외단자의'이다. 이 좌우명은 내 회사명인 '쿠팜창업w성공연구소'의 슬로건이기도 하다. 이 말의 의미는 "경(敬)으로써 내면을 밝게 하고, 의(義)로써 밖을 반듯하게 한다."라는 뜻이다. 또한, 무엇이 올바른 선택인지에 대한 기준이 '경(敬)'이며, 올바른 선택을 실천할 수 있도록 이끄는 힘이 '의(義)'라는 것을 의미하기도 한다.

　사실 나에게는 오랫동안 마음 깊이 품고 살아온 좌우명이 몇 개 더 있다. 고등학교 시절 인생 최악의 위기를 겪으면서 지푸라기라도 잡아보자는 심정으로 20살 때 3,000배를 3번 한 적이 있다. 이때 깨달은 인생 최대의 비전은 "홍익인간 이화세계"였다. 어린 나이였지만 힘든 고행을 통해서 얻은 결론이자, 내가 이 지구에 태어난 목적은 그것뿐이라는 생각이 들었다. "나와 세상을 이롭게 하는 것"을 비전으로 삼고 인생의 모든 과정과 고비에서 내가 선택한 마음가짐은 "절대로 포기하지 말고, 진실로 최선을 다하자."였다.

여기서 최선을 다한다는 의미는 '마치 마른걸레에서 물기를 짜내듯이 정말 혼신의 힘을 다하는 것'을 의미했다. 아무리 힘들고 어려워도 작은 일에도 정성을 다하면 결국 변하게 된다는 것을 깨달았다.

그렇게 하루하루 진실로 최선을 다하고 살다 보니 암울했던 나의 인생이 조금씩 자긍심 넘치는 삶으로 바뀌는 것을 실감했다. 이름, 학교, 성격, 체질, 만나는 사람도 바꾸고 내 생각이나 신념도 놀라울 정도로 많이 바뀌었다.

하지만 또 힘겨운 직장 생활을 거쳐 스스로 창업이라는 것을 해보니 해결해야 할 문제들이 적지 않았다. 빨리 자리 잡고 결혼하고 싶어 결혼정보회사에서 맞선을 100번 이상 보기도 했지만 내 뜻대로 되지 않았다. 하지만, 이 또한 때가 되면 이루어지리라 믿는다.

때는 2023년 여름의 어느 날, 나는 다시 한번 내 인생을 천천히 들여다보며 나와 깊은 대화를 나누어 보았다. "과연 내가 누구를 위해서 이토록 최선을 다하며 살아가야 하지?" "결국 내가 죽어서 남기고자 하는 것은 무엇일까?" 고민하던 중 우연히 매일경제 신문을 보고 경남 진주에서 열리는 K-기업가정신 포럼에 1박2일 참가하게 되었다. 그때 나는 참 소름 끼치는 경험을 했다. 우리나라 굴지의 기업이자 기둥인 4대 기업(삼성, 현대, LG, 효성)의 창업주분들 모두 남명 조식 선생의 '경의사상'과 허준 선생의 '나눔 정신'을 기업가 정신의 뿌리로 두고 있다는 사실을 알게 되었다. 실제로 진주 승산마을을 탐방하며 4대 기업가들의 생가를 방문하면서 내가 사장으로서 마음속 깊이 새겨야 할 태도는 바로, '경(敬)'과 '의(義)'라는 확신이 들었다.

그래서 지금도 성성자(惺惺子)와 경의검(敬義劍)을 몸에 지니고 다닌다. 늘 깨어 있으며 사사로운 것들에 현혹되지 말고, 이웃과 사회에 공헌하는 마음으로 정의롭게 실천할 수 있다면 더 많은 사람을 살리고 국가 발전에 홍익하는 성공적인 기업가가 될 것이라고 믿는다.

우리는 어차피 죽는다. '공수래공수거'라는 말도 있듯이 아무것도 가져가지 못한다. 하지만, 내가 남긴 업적과 사람들, 제도, 정신, 철학은 후손들에게 또 다른 꿈과 희망을 심어주고 올바른 길로 나아갈 수 있게 하는 북극성과 같은 빛나는 이정표가 될 것이라고 본다.

박준미

29.

❑ **소개**

가정주부에서 보험 영업을 시작하여
7년 차에 접어든 지금
연봉 3억 원을 유지하고 있다.

"할 수 있다, 할 수 있다, 할 수 있다"는
정신으로 성공을 이룰 수 있었다.

❑ **연락처**

1. 이메일: joonmee73@naver.com

　내 좌우명은 '할 수 있다, 할 수 있다, 할 수 있다.'이다. 이 간단한 문구는 내 삶을 지탱해 주는 힘이 되었고, 내가 걸어온 길을 더욱 의미 있게 해주었다.
　45세의 나이에, 가정주부로서의 안정된 일상에서 보험 설계사라는 새로운 도전에 뛰어들었을 때, 많은 이들이 나를 측은하게 바라보았다. 하지만 그때마다 '할 수 있다'는 다짐이 나를 이끌었다.

7년 전, 보험설계사로 첫발을 내디뎠었을 때, 주위의 걱정 어린 시선과 의심은 나를 더욱 강하게 만들었다.
　특별한 재능이 없고, 말솜씨 또한 부족했지만, 나는 나 자신을 믿었다. 그 믿음은 나를 1년 만에 연봉 1억이라는 성과로 이끌었고, 7년 차인 지금은 연봉 3억을 넘는 성과를 이루게 도움을 주었다.

모든 것이 나의 노력과 헌신 덕분이지만, 무엇보다도 나를 지지해 주는 고객님들이 있었기에 가능한 일이었다.

그분들의 신뢰와 응원이 나의 원동력이며, 그들의 기대에 부응하기 위해 매일 아침 일찍 대구에서 포항까지 장거리 운전을 하며 많은 고객을 만나고 있다.

나는 여전히 무대뽀로 들이대는 스타일이다.

처음에는 두려움과 불안이 가득했지만, 고객님들을 만나고 그들의 이야기를 들으며 나 자신이 성장해 가는 것을 느낀다. 그 과정에서 나는 나의 부족함을 인정하게 되었고, 그 부족함을 채우기 위해 노력하는 법을 배운다. 고객님들이 나에게 보여준 신뢰는 나에게 큰 책임감을 안겨주었고, 나는 그 기대에 부응하기 위해 더욱 열심히 일하고 있다.

'할 수 있다, 할 수 있다, 할 수 있다.'라는 좌우명은 단순한 반복이 아니다.

그것은 내 삶의 철학이 되었고, 도전과 실패, 성공과 기쁨이 얽힌 여정의 동반자가 되었다. 앞으로도 나는 이 좌우명을 가슴에 새기며 나아갈 것이다. 더 많은 고객을 만나고, 그분들의 삶에 긍정적인 변화를 가져다줄 수 있도록 끊임없이 노력할 것이다.

내가 보험 설계사로 활동하며 가장 기억에 남는 순간 중 하나는 한 고객님의 감사 인사를 받았을 때다. 그분은 나의 상담을 통해 큰 결정을 내리게 되었고, 그 결과로 가족의 미래가 확실히 보장됐다고 말했다. 그 순간, 나는 내가 하는 일이 단순한 직업이 아닌 누군가의 인생에 긍정적인 영향을 미칠 수 있다는 것을 알았다.

그 경험은 나에게 큰 동기부여가 되었고, 앞으로도 계속해서 최선을 다해야겠다고 다짐하게 했다.

마지막으로, 나의 이야기를 통해 누군가가 용기를 얻고, 자신의 꿈을 향해 한 걸음 더 나아가기를 바란다.

누구나 할 수 있다. 할 수 있다, 할 수 있다, 할 수 있다! 이 좌우명은 나의 삶을 이끌어주는 나침반이 되었고, 앞으로도 계속해서 나를 지탱해 줄 것이다. 나의 여정은 끝나지 않았고, 언제나 새로운 도전이 기다리고 있다.

조 수 현

30.

❏ 소개
1. 큰사람(Global Version) 대표
2. 지방자치단체 민방위 강사
3. 거제시 청마기념사업관 이사
4. 거제시장애인댄스스포츠연맹 자문위원
5. 성공철학, 인문학, 안전학 강의
6. 세상 인연법으로 한 수 적다 외 5권 전자책
7. 2012년 한국문단 시조시인 등단

❏ 연락처
1. 블로그: https://m.blog.naver.com/snums12
2. 네이버 검색: 조수현 작가

　중학교 1학년 때였다. 등록금을 못 내어 반 친구들 앞에서 일어나야 했다. 그때부터였다. 가난이란 무엇인가 생각하기 시작한 일 말이다. 그리고 난 정치에도 관심이 많았다. 왜 가난한 사람은 가난하고, 부자는 왜 부자인가 하는 그런 생각 말이다. 80년대 후반부터 시작한 나의 고민은 혼자 여행하기를 좋아하게 만들었다. 왜 이렇게 삶이 힘든가에서 시작한 고민은 언제나 나를 혼자 여행 다니며 사진을 찍게 만들었다.

　스무 살 되던 해 경기도 소요산 자재암 올라가는 길에 눈앞에 들어온 문장이 너무 설레었다. '아무리 비바람이 때린다고 할지라도 반석은 흔들리지 않는 것처럼 어진 사람은 뜻이 굳세어 비방과 칭찬에도 움직이지 않는다.' 이 말이 나의 뇌

속에 박혔다. 그리고 나는 그 문장의 의미를 지금도 깨닫고자 한다. 다만 내 삶의 좌우명이 '그 어떠한 권력에도 굴복하지 않겠다.'로 정해진 것은 스스로 세상의 갑이라고 칭하는 사람들에게서 굴복하지 않겠다는 뜻이 아니다.

'어진 사람은 뜻이 굳세어 비방과 칭찬에도 움직이지 않는다.'라는 말에서 나는 이렇게 해석했다. 스스로 을이 되지 않고 사는 법은 '자기의 주인으로 사는 것'이라는 뜻으로 받아들였다. 좋은 생각과 좋은 행동은 결코 스스로 세상의 을이 되지 않는 방법이다. 자기의 주인으로 산다는 것은 결국 자신 안에 숨어 있는 부정적인 생각도 굴복시키고, 지치지 않고 일어나는 것이고, 세상의 험난한 일에서도 나 자신을 놓지 않겠다는 뜻이기도 하다.

'삶을 위해 삶의 목적을 포기하지 말라.' 법구경의 한 구절이다. 지금도 어디선가 말 못 할 고통을 끌어안고 어두운 방에서 세상과 스스로 단절해 가며 사는 사람들이 있을 것이다. 나 또한 그랬다. 오로지 수십 년을 혼자 방황하며 다녔던 그 길엔 오로지 나는 없었다.

나를 찾고자 혼자 떠난 인생길에서 수많은 사람을 보았다. 그리고 나는 세상과 어울리지 못하는 사람이라고 단정했다. 그러나 내가 곧 틀렸음을 알았다. 내 이름 속에 있는 修賢(닦을 수 어질 현) 수현은 말 그대로 나를 닦으라는 뜻이다. 그 속에 답이 있었다. 나는 없는 것이 아니라 나를 그대로 안고 있었다. '그 어떠한 권력에도 굴복하지 않겠다.'라는 말의 의미는 자신의 부정적인 힘에 그 권력을 주지 말라는 뜻이다. 스스로 을로 살지 않는 방법은 삶의 주인으로 사는 것이다.

이 모든 것을 깨우치는 것은 어렵지만, 자연을 보면 알 수 있다. 때가 되면 나고 때가 되면 지겠지만, 그 속에는 온갖 비바람과 무서움이 있었다. 그러나 자연은 굽히지 않는다. 그 큰 힘을 자신을 보호하는 것에만 쓰지 않는다. '삶을 위해 삶의 목적을 포기하지 말라.' 법구경의 한 구절이 바로 이 속에 있었다. 나는 어차피 살기 위해 태어났다. 그런데 왜 살기 위해 몸부림치고 있는가 하고 말이다. 내 삶의 목적은 무엇인가 하는 끊임없는 질문을 통해 나를 찾아갈 것이다.

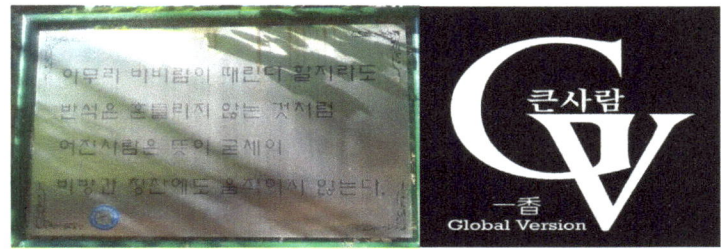

4장

나답게 살아가자

오순덕

31.

❑ 소개
1. 한글만다라 대한민국 1호 강사
2. 서울시 교육청 부모 행복교실 강사
3. (사)놀이하는 사람들 놀이활동가
4. 유아 교사 23년 차
5. 예술 수집가
6. 한글 지킴이- 한글 신바람꾼
7. 저서: [나다움을 잘 부탁해]외 전자책 출판

❑ 연락처
1. 블로그: https://blog.naver.com/osd020508
2. 인스타: happy_tree.hello
3. 유튜브: 한글만다라

　내 삶의 좌우명은 '나는 나! 나답게 살자'이다. 이 말의 의미는 나 자신은 온 우주에 하나밖에 없는 소중한 존재이며 그 누구와도 비교할 수 없는 유일하고 독창적인 존재이므로, 타인과 비교하지 말고 나만의 가치관과 본질에 따라 살아가자는 뜻이다.

　이 좌우명은 스무 살에 대학교에 입학한 후, 처음으로 부모 형제를 떠나 타지에서 홀로 자취하며 학교에 다녀야 했을 때 만든 것이다. 모든 것을 스스로 결정하고 해결하며 책임져야 했기에, 내가 무엇을 원하는지, 무엇을 잘하는지, 어떻게 해야 하는지 등 여러 가지 고민을 할 수밖에 없었다. 이때 처음으로 '나는 누구인가?'에 대해 깊이 생각하게 되었다. 그 과정

중에 나만의 인생 좌우명을 찾게 된 것이다.

이 말을 매일 구호처럼 외치다 보니, 하루하루를 버틸 힘도 생기고 무엇이든지 할 수 있다는 용기도 생겨났다.

'나는 누구인가?'라는 질문에 대한 답은 스스로 찾아가야만 한다. 그것은 누가 알려줄 수도 없으며, 설사 알려준다고 해도 스스로 깨닫지 않으면 아무런 소용이 없다. 내가 누구인지 아는 것은 삶의 방향을 설정하는 나침반과 같다. 내가 어떤 사람인지 알지 못하면, 내가 무엇을 원하는지도, 어디로 가야 할지도 명확하지 않다.

이에 따라 다른 사람의 기대에 맞춰 살거나, 나의 진정한 욕구와는 거리가 먼 길을 택하게 될 수 있다. 그래서 먼저 나를 아는 것이 중요하다. 내가 무엇을 좋아하고 잘하는지, 무엇을 소중하게 여기는지, 어떤 상황에서 행복을 느끼는지, 나는 어떤 삶을 살고 싶은지, 내 내면의 소리를 들어야 한다.

또한, 타인의 시선에서 벗어나는 연습도 필요하다. 우리는 끊임없이 다른 사람의 기대와 평가 속에서 살아가고 있다. 하지만 그 기대가 나의 삶을 지배하게 되면, 결국 내 삶은 나의 것이 아니라 타인의 것이 된다. 내 정체성을 타인에게 맡기지 말고, 진정한 나를 발견하고 나답게 살아가자. 남을 의식하다 보면 내면의 소중한 가치를 잃게 되고, 결국에는 자아를 상실하는 결과를 초래할 수 있다.

타인에 의해 좌지우지되는 삶을 살다 보면 은연중에 자기 삶의 주도권을 빼앗길 수도 있다.

내가 내 삶의 주인공이라는 사실을 인식하고, 남에게 휩쓸리지 않고 나답게 살기 위해 필요한 것을 살펴보자.

첫째, 자신을 존중하는 마음을 가져야 한다.
둘째, 다른 사람의 기대를 내려놓아야 한다.
셋째, 비교에서 자유로워져야 한다.
넷째, 내면의 소리에 귀를 기울여야 한다.

나답게 살기 위해서는 나의 진정한 욕구와 감정을 파악하고, 내가 진정으로 좋아하고 원하는 일을 선택해야 하며, 타인의 시선과 기대에 얽매이지 않고 나 자신이 원하는 방향으로 삶을 이끌어 가야 한다. 진정으로 나다움을 발견하고 내 삶의 속도에 맞춰 나의 길을 꾸준히 걸어가게 된다면, 삶은 행복으로 가득 차게 될 것이다.

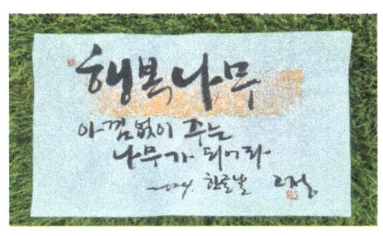

김 효 승

32.

❏ 소개

ABA금융서비스 진심 보험설계사
최선을 다하는 설계사
고객만족도 1위
고객이 우선 찾는 설계사
고객을 위해 발로 뛰는 능력자
발로 뛰니 행복합니다!^^

❏ 연락처

이메일: hatoryantoni@naver.com

 '최선을 다하자'의 뜻은 진인사대천명이다. 내가 할 임무에 최선을 다하고 결과는 하늘에 맡긴다는 말을 좋아한다. 일을 할 때에 지금의 시간에 집중해서 최선을 다하는 하루하루가 쌓여서 행복한 미래가 될 것이라고 확신한다.

 이런 마음으로 7년의 시간을 행복한 보험설계사로 살아왔다. 나는 주변 사람들에 최선을 다하고 끝까지 하라고 늘 이야기한다.

 영업(세일즈)를 잘하는 방법은 간단하다. 다른 영업자보다 많이 시도하고 만나고 열심히 노력하면 된다. 나는 항상 1주일 단위로 계획을 짜고 그대로 실행했다.

 고객들을 만날 때 임팩트 있는 상담이 되도록 항상 연구했고, 공부한 결과를 상담 실전에 접목하고 수정하기를 반복했다. 사람을 만나는 피플 비즈니스가 보험업이기 때문이다. 고객들을 만나고 소개받으면서 상담 실력이 꾸준히 늘었다.

그동안 보험업을 하면서 좋은 일도 안 좋은 일도 있었지만 좋은 일은 더 기뻐하고 안 좋은 일은 최대한 잊으려그 했다. 스트레스를 술 마시기보다는 운동과 독서로 풀려고 노력했다. 많은 보험설계사가 중도에 포기하는 것은 지금만 보기 때문이다. 나와 관계된 사람들이 윈윈하고 더불어 돕는 삶으로 살아가길 원한다.

일하면서 남의 의견에 너무 휘둘리지 않는 게 중요하다. 경쟁자이든 남들이든 그 해당 설계사의 실력을 정확하게 평가할 수는 없다. 그렇기에 자기 실력을 과소평가해서도 안 되고 과대평가해도 안 된다.

설계사 처음 3개월은 실적이 바닥을 쳤었다. 그때는 내가 얼마나 성장하고 있고 노력을 통해서 발전하고 있는가에만 집중했기 때문에 좋은 때를 보내고 있는 거라고 스스로 생각하면서 마음을 다잡았었다.

세일즈 영업에 성공하느냐 그렇지 못하냐는 새롭게 변하는 디지털 시대의 시장 상황과 고객의 마음을 제대로 파악했느냐 아니냐로 결정된다. 매일 답을 찾는다는 생각으로 영업한다면 영업자로서 실패할 일은 없을 것이다.

영업자는 고객을 만나러 카페에 갈 일이 많은데 만나기 전에 커피와 차 중에 어떤 음료를 선택할지 사전에 파악하는 지피지기 백전백승의 자세가 필요하다. 또 고객의 소리를 액티

브하게 경청해야 하는데 액티브한 경청이란 질문으로 반응한다는 말과 같다. 잘 묻고 잘 들어야 한다.

고객이 좋아하는 음식만 알아도 할 수 있는 영업의 수는 배로 늘어난다. 잘 듣는 것이 경쟁력이며 영업자가 발휘할 디테일의 단서는 경청에서 나온다. 영업자도 다른 곳에서는 고객이다. 영업자의 입장이 아니라 고객의 입장에서 생각해 보면 답이 보인다.

계획을 세우고 하루하루 고객들을 만날 때마다 즉답이 나오는 영업자들은 상담 속에 질문들을 많이 녹인 영업자이다. 나는 질문을 잘하려고 노력하고 가기에 최선을 다한다. 질문을 많이 하는 영업자는 실패하지 않는다고 생각한다. 고객의 아쉽고 미진한 부분은 질문을 통해 길을 제시하고 돕는 역할을 충실하게 한다면 상담의 결과는 좋을 것이다.

다 함께 윈윈의 세계로 나아가자. 오늘도 최선을 다하고 행복한 결과를 이끌어 내길 바란다.

모두 함께 파이팅 합시다!~^^

신화옥

33.

❏ 소개
1. 사회복지사 자격증 소지
2. K뷰티봉사회의 이사
3. 해맑은웃음 봉사단 부회장
4. 유퍼스트 보험 마케팅

"성공은 꿈꾸고 믿고 실천하는 데서 오는 것이다"
믿음으로 최선을 다하고 있습니다

❏ 연락처
1. 이메일: shin0867@naver.com

　이제 60세를 바라보는 나는, 영업 분야에서 성공을 이루고 싶은 여성이다. 인생의 길고도 다양한 경험 속에서 '성공은 꿈꾸고 믿고 실천하는 데서 온다'라는 좌우명을 가슴 깊이 새기게 되었다. 이 좌우명은 내 삶을 이끌어주는 나침반이 되어 주었고, 앞으로 나아갈 방향을 제시해 주었다.

　20년 넘는 긴 세월 동안 영업 현장에서 일해오면서, 나는 우리 가족을 지켜내고 먹고살기 위해 끊임없이 노력해왔다. 나와 내 고객 모두의 성공과 행복을 위해 최선을 다했다고 스스로 생각한다.

　영업이라는 일이 결코 쉬운 일이 아니었지만, 나는 언제나 내 꿈을 잃지 않고 그 꿈을 이루기 위해 실천해 나갔다. 힘든 순간에도 좌절하지 않고, 매일매일 최선을 다해 고객과의 관계와 신뢰를 쌓아갔다. 그 과정에서 얻은 경험과 보람은 너 삶의 큰 힘이 되었다.

아들, 딸들도 남부럽지 않게 잘 키워내며, 그들의 꿈을 지지하고 응원해 주었다. 자녀들이 건강하게 성장하는 모습을 보며, 나는 내 선택이 옳았음을 확신하게 되었다. 그동안의 모든 고난과 역경은 나를 더욱 단단하게 만들었고, 그 과정에서 '성공은 꿈꾸고 믿고 실천하는 데서 온다'라는 진리를 깨닫게 되었다.

인생의 크고 작은 굴곡을 겪을 때마다 이 좌우명을 되뇐 덕분에 지금의 나를 만들어낼 수 있었다. 어려운 상황에서도 항상 긍정적인 마음가짐을 잃지 않고, 도전할 기회를 찾아냈던 내 모습이 자랑스럽다. 매일 아침 일어날 때마다 나는 다시 한번 내 꿈을 생각하고, 그것을 이루기 위해 노력해 나갈 것이다.

내 주변 사람들에게도 내가 배우고 경험한 이 사실을 많이 알리고 싶은 마음에 용기 내어 글을 쓴다.

앞으로도 이 좌우명을 바탕으로, 새로운 도전과 기회를 마주할 것이다. 성공은 단순히 결과가 아니라 그 과정을 통해 이루어진다는 것을 알기에, 나는 언제나 꿈꾸고 믿으며 실천하는 삶을 살 것이다.

 이러한 믿음으로 더 큰 성공을 이루고, 나뿐이 아니라 주변의 모든 이들에게 긍정적인 영향을 미치는 존재가 되고 싶다.

모두의 꿈을 열렬히 응원한다.

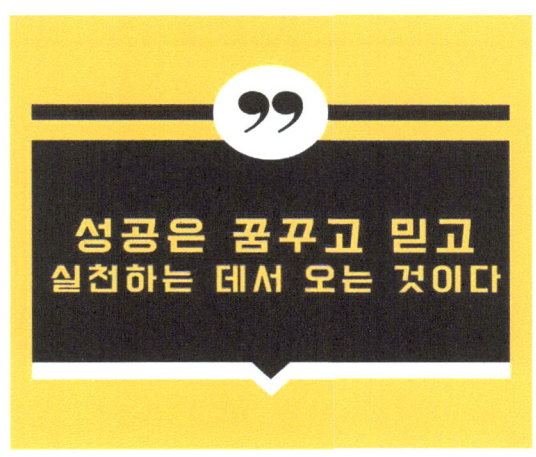

	정 춘 영
	34.

❏ 소개
1. 보험설계사
2. A+에셋 소속

❏ 연락처
1. 이메일: zheng021130@naver.com

　인생을 살아가고 사회의 일원으로 당당히 내 일을 하면서 중요하게 생각되는 것들이 많다. 그중에 무엇이 가장 중요한지 생각해 보면 '신용'이라는 말이 제일 먼저 떠오른다.
　나부터도 신용 있는 사람을 좋아하고 일을 맡기고 싶은 게 당연한 마음이고 지금 내가 하고 있는 보험 일도 모두 서로의 믿음과 신용을 바탕으로 이루어지기 때문이다.

　내 삶의 좌우명은 '신용 있는 삶을 살자'다. 신용 있는 사람이 되어 세상에 유익한 존재가 되고 싶은 내 마음을 담고 있다.
　내가 신용을 중시하는 삶을 살게 된 계기는, 어린 시절 부모님과 학교 선생님들이 항상 신용의 중요성을 강조한 영향이 크다. 이후 성인이 되어 사회생활을 하고 특히 보험 일을 하면서 신용이 얼마나 중요한지를 더욱 실감하게 되었다.

애를 챙겨야 했기에 시간상으로 자유로운 일을 찾다가 화장품 방문판매 일을 했고, 이후 중국 관광객을 상대로 가이드 일도 했다. 코로나로 가이드 일이 없어져서 고민하다가 예전부터 관심이 가던 보험 일을 시작하게 되었다

처음 1년은 보험이 너무 어려워서 갈팡질팡했다. 내가 가입된 보험을 시작으로 가족들의 보장 분석을 하다 보니 돈은 다 내고 있지만 보장이 잘 안되어 있는 부분이 매우 많은 것을 알게 되었다. 덕분에 지금도 늦지 않았음을 느꼈고 열심히 해야겠다고 다짐했다.

신용이 있다면 새로운 기회와 도전을 얻을 수 있다. 신용을 쌓기 위해서는 약속을 잘 지키고, 성실하고 책임감 있는 모습을 보여주는 것이 중요하다. 신용은 인간관계, 직장, 사업 등 다양한 영역에서 큰 영향을 미치기에 다른 사람들로부터 신뢰를 받는 것은 정말로 중요한 일이다

보험은 하루 이틀 돈을 지급하는 것이 아니라 5년, 10년 더 길게는 살아있는 동안 내는 것도 있기에 나를 믿고 의뢰해주신 분들께 참 감사하다. 한 분 한 분에게 살아가면서 보험 관련 상담과 보험금 청구뿐만이 아니라 소중한 분들과 인생의 희로애락을 함께 한다고 생각한다.

믿음만큼 기대에 어긋나지 않게 최선을 다할 것이다.

"그때 당신을 믿고 가입하기를 참 잘했어!"
이런 말이 나오게 현장에서 열심히 달릴 것이다.

신용은 억지로 만들 수 없다. 신용은 다른 사람들에게 신뢰와 믿음을 주는 행동과 태도에서 만들어진다. 신용을 쌓기 위해서는 우리가 있는 자리에서 일관성 있게 약속을 지키고, 각자가 맡은 일에 성실하고 책임감 있는 모습을 보여주는 것이 중요하다고 생각한다.

다른 사람들에게 신용을 주는 것은 신뢰와 존경을 얻을 수 있는 가장 좋은 방법이다. 모두가 서로를 믿고 신용을 주고받는 아름다운 세상을 꿈꾼다.

조수아

35.

❑ 소개

1. 보험조아 부동산조아 대표
2. 글로벌금융 조아지점 지사장
3. 로보웰 코리아 감사
4. 바르게 살기 운동 부천지회 회원

❑ 연락처

1. 부천시 원미구 부천로 66 1F
2. 032.661.5949

내 삶의 좌우명은 '내 생각이 내 삶의 우주를 만든다.'이다. 이 좌우명은 평탄하지만은 않았던 내 삶의 기준이 되어 주고, 앞으로 나아갈 힘을 주는 말이다.

학창 시절부터 나는 항상 평범하지 않은 미래를 꿈꾸었다. 세상에 불가능은 없다고 생각하면서 남들과 조금은 다른 선택을 한 내 생활은 순탄하지 않았다.

서울 유학을 시켜줄 가정 형편이 안 되는 부모님과의 협상을 통해서 부모님의 지원 없이 학교에 다녀보겠다고 선언했다. 그때부터 시작된 독립생활은 말 그대로 고생의 시작이었다.

학교 다니면서 밤에는 동대문 밤 시장 옷 장사 매니저를 하면서 20대 초반 시절을 보냈다. 그때 나는 여느 대학생들처럼 여유로운 학창 시절을 보낼 수는 없었지만, 부모님이 도와주지 않아도 세상을 살아갈 수 있다는 걸 깨달았다.
 남들보다 일찍 개인 사업을 할 수 있는 자신감을 가질 수 있었던 것도 그 경험이 큰 역할을 했었다.
 이후 30이라는 어린 나이에 인테리어 사업에 성공했고 서울 요지에 아파트도 소유하게 되었다. 도심에 큰 사무실까지 운영했었는데 원청의 흑자 부도로 한순간에 사용하던 빨간색 지갑에 3만 원이 전부인 날이 찾아왔다. 자신감만 크게 안고 뛰어든 젊은 시절 몇 번의 사업 실패는 견디기 힘든 아픈 경험을 주었다.
 인정할 수도 없고 하기도 싫었지만 내 생각이 내 미래를 만들어 가는 것이라는 강한 확신으로 좌절하지 않을 수 있었다. 어디인가에 있을지 모르지만, 언젠가 닿을 내 찬란한 우주를 위해 용기 내서 실마리 찾기 시작했고 영업이라는 분야를 도전했다. TM 영업이었는데 열심히도 했고 나와 잘 맞았는지 시작 6개월 만에 고시원에서 탈출해서 서울에 위치한 전세 아파트에서 잠을 잘 수 있었다.
 그때의 경험으로 긍정적인 생각과 확신을 가지면 내게 좋은 일을 생긴다는 것을 알게 되었다. 덕분에 인생을 살면서 힘든 일을 만나도 좋은 생각들로 하루를 채우기 위해 노력하고 있다.
 지금의 나 역시도 새로운 시작과 도전 앞에, 내 생각이 내 우주를 만든다고 믿으면서 눈앞에 작은 이익에 연연하지 않고 넓고 큰 생각을 하려고 한다.

이후 세 번의 개인 사업 폐업의 경험, 부동산과 보험영업, 그리고 조직 관리의 경험을 살려서 소상공인을 위한 컨설팅을 시작했다. 내가 한 작은 경험들로 대가를 생각하지 않고 나누어주는 마음으로 일하고 있다.

열심히 장사하는 사장님들과의 상생을 도모하고 이제 막 자신의 우주를 만들고 있는 사람들과 좋은 생각들을 나누어 함께 성장해 가고 싶다.

그러다 보면 우리가 바라는 더 크고 아름다운 우주가 곧 만들어질 것을 확신한다.

36.

❏ 소개
- 2014년 삼성생명 입사, 2021년 퇴사
- 2022-2024 현재 인포유금융서비스 팀장 근무 중

❏ 연락처
1. 이메일: cja7602@naver.com
2. 전화: 010-8972-8581

 이 영어 문구를 광고에서나 매체에서 한 번쯤은 들어본 적이 있을 것이다. 직역하면 '그냥 해! 그냥 해버려!' 이런 뜻이다. 유명한 스포츠 브랜드의 슬로건으로 30년 넘게 그 회사를 대표하는 문구이다. 어느 순간 내 삶에서 이 말이 큰 의미로 다가왔다.

 결혼 후 나는 삶의 큰 의미를 찾지 못한 채 큰아이를 키우며 엄마로서 정신없이 앞만 보며 살아왔다. 그러다 2010년 둘째를 가지려고 건강검진을 받던 중 대장에서 용종이 발견되어 조직 검사를 받게 되었다.
 결과를 들으러 병원에 갔는데 직장암이 의심되니 큰 병원으로 가라는 소견서를 받았다. 큰 병원에서 조영제로 온몸에 전이가 되었는지 검사를 했는데 다행히도 다른 장기로는 전이가 되지는 않았다고 했다. 젊은 나이에 TV에서만 보았던 암이라는 놈과 마주하게 된 것이다.

어찌 보면 평범했던 내 인생이 암을 마주하면서 생각과 가치관이 완전히 변하게 되는 계기가 되었다. 마치 TV 속의 주인공이 된 것 같은 생각도 들었고 사는 게 무엇인가 하는 질문을 스스로 해보게 되었다. 덕분에 삶의 소중함을 느끼게 되었다.

나도 '뭐라도 해보자!' 그때쯤 이 문구가 눈에 들어왔다. 아이들에게 멋진 엄마가 되고 현실에 안주하지 않기 위해 큰 아이 초등학교 입학할 즈음 삼성생명에 입사하고 일을 시작했다.

영업을 시작은 했지만, 절대 만만하지 않았다. 성격이 내성적이기도 했고 아는 지인도 많이 없어서 가족의 반대가 심했다. 주변에서 마땅한 도움은 전혀 받을 수도 없었다. 선배들처럼 처음부터 올인하지 않았고 생각과 걱정이 많아서 일의 성과가 잘 나지 않았다.

해보지 않았기에 잘 몰랐고 두렵기도 했다. 혹시나 계약을 해놓고 일을 그만두어 관리를 못 하게 되어 고객들의 원망을 받지 않을까 하는 걱정도 많이 되었다. 초반엔 이런저런 부정적인 생각들이 나를 힘들게 했다.

고객의 거절과 무관심으로 마음의 상처도 많이 받았지만,

열심히 하면 잘 될 거로 생각했다. 힘들었지만 순리대로 하다 보면 좋은 결과가 있을 거라고 믿고 나름대로 최선을 다하다 보니 고객들도 서서히 나에게 마음의 문을 열어주었다. 덕분에 점점 계약과 소개가 늘어났다.

 돌이켜보면 그런 시간은 내 영업의 자양분과 밑거름이 되어 주었다. 힘들고 어려워도 행동하고 실천을 했기에 많이 배웠고 성장했다. 앞으로도 두렵지만 꾸준한 행동으로 변화와 더 큰 가치를 만들어 갈 것이다.

 나는 변화의 속도가 다른 사람들보다 오래 걸리고 느린 사람이라는 것을 안다. 하지만 중요한 것은 속도보다 방향이라고 믿는다. 앞으로도 나만의 규칙을 정하고 진정성 있는 영업으로 조금씩 성장해 나갈 것이다.

 나 자신은 내가 격려하고 고객분들의 건강과 행복을 위해 그들의 의사를 충분히 반영하는 '정도' 영업을 하려고 한다. 모든 영업자분의 성장과 성공을 응원한다.

37.

❑ 소개

자동차 부품 개발 성진테크대표

유퍼스트보험마케팅 보험설계 및 보상 팀장

❑ 연락처

1. 이메일 : sj05887@naver.com

　나는 50세의 남성으로, 평생을 엔지니어로 살아왔다. 엔지니어라는 직업은 기술적 문제를 해결하고, 창의력을 발휘하는 매력적인 직업이다. 하지만 시간이 지날수록 반복적인 일상과 규칙적인 업무는 나를 점점 지치게 했다.
　안정된 직장과 정해진 업무는 나에게 안전함을 주었지만, 동시에 내 잠재력을 제한하는 감옥과도 같았다. 이런 일상에서 벗어나고 싶었던 나는 새로운 도전을 찾게 되었다.

　그러던 중, 보험 영업이라는 전혀 다른 분야에 관심이 생겼다. 처음에는 막연한 두려움과 불안감이 있었지만, 내 인생의 새로운 전환점을 맞이하고 싶은 내 마음의 열망이 더 컸다. 변화와 성장을 위해 과감하게 엔지니어로서의 경력을 접고, 보험 영업에 올인하기로 결심했다. 이 선택은 내 삶을 뒤바꿔

놓는 크고도 매우 중요한 결정이었다.

보험 영업을 시작하면서, 나는 '지독한 연습만이 완벽을 만든다'라는 좌우명을 가슴에 새겼다. 이 좌우명은 단순한 말이 아닌, 새로운 길을 가는 데 있어 내 나름의 필수적인 원칙이 되었다.

처음 고객을 만나고 그들의 필요를 이해하는 과정에서 많은 시행착오를 겪었다. 보험 상품에 대한 이해도 부족했고, 고객과의 신뢰를 쌓는 데에도 어려움이 많았다. 하지만 나는 매일 아침 일어나서 목표를 세우고, 고객 만나기를 두려워하지 않으려고 스스로 다짐했다.

매일매일의 작은 성취가 쌓여가면서, 점점 자신감을 얻게 되었다. 고객의 이야기를 듣고, 그들에게 맞는 솔루션을 제공하는 과정에서 진정한 보람도 느끼기 시작했다. 처음에는 고통스럽고 힘든 과정이었지만, 그 속에서 느끼는 성취감은 그 어떤 것과도 바꿀 수 없는 값진 경험이 되었다. 고객의 삶에 긍정적인 영향을 미치며, 그들의 신뢰를 얻는 일은 나에게 큰 기쁨으로 다가왔다.

내가 선택한 이 길은 단순히 직업을 바꾸는 것이 아니라, 내 삶의 가치와 의미를 재정립하는 과정이었다. 매일매일의 연습과 노력은 나를 더욱 단단하게 만들었고, 이제는 보험 인으로서 고객들에게 신뢰받는 존재가 되었다. '지독한 연습만이 완벽을 만든다'라는 좌우명이 나를 이끌어주고, 내 삶을 더욱 의미 있게 만들어 주었다.

앞으로도 나는 이 좌우명을 바탕으로 계속해서 도전할 것이. 매일매일 최선을 다하며, 고객의 요구와 필요에 귀 기울이고, 그들에게 진정한 가치를 제공하기 위해 노력할 것이. 보험 영업이라는 새로운 길에서 느끼는 기쁨과 성취감은 나게 끊임없는 동기부여가 되어 줄 것이라고 믿는다.

이제 나는 평범한 엔지니어에서 보험인으로 변모한 사람으로서, 삶의 매 순간을 소중히 여기며 살아가고 있다. '지독한 연습만이 완벽을 만든다'라는 이 다짐이 나를 더욱 성장시킬 것이며, 앞으로도 고객과 함께하는 여정을 통해 새로운 성공을 이루어 나가고 싶다.

모두가 꾸준한 연습을 통해 완벽을 향해 나아가길 응원한다.

진남숙

38.

❏ 소개

경남 의령에서 태어나 결혼 후 창원에서 14년을 보낸 뒤 현재 대구로 이사하여 새로운 삶을 시작했다.

웅진코웨이에서 3년간 영업 활동을 했고, 이후 카드 설계사로 10년, 보험 설계사로 풍부한 경험을 쌓아왔다. 두 자녀인 딸과 아들은 내 삶의 가장 큰 기쁨이며, 그들을 위해 더욱 성공적인 보험인으로 성장해 나가고자 한다.

❏ 연락처

1. 이메일: appigs5641@naver.com

　내 이름은 진남숙이고 50대 여성이다. 내 삶의 여정을 돌아보면 많은 경험과 배움이 있었다. 고향인 경남 의령을 떠나 결혼 후 창원에서 14년을 보낸 뒤, 현재는 대구에서 새로운 시작을 하고 있다. 이 과정에서 나는 웅진코웨이에서 3년간 영업을 했고, 카드 영업에서 10년, 보험 분야에서 5년의 경력을 쌓아왔다.
　두 자녀인 딸과 아들은 내 삶의 큰 기쁨이자 자부심이다. 이제는 보험인으로서 더욱 성공하고 싶다.

　이런 삶을 살면서 늘 마음에 두고 있는 좌우명은 '어제 일에 후회 말고 지금에 충실하자'이다.
　이 좌우명은 인생을 살면서 겪은 다양한 경험 속에서 얻은

4장 나답게 살아가자　173

중요한 교훈이다. 우리는 모두 과거의 선택과 행동에 대해 후회할 때가 많지만, 후회한다고 과거를 바꿀 수는 없다. 그래서 나는 과거에 얽매이지 않고 현재에 집중하는 것이 중요하다는 것을 알게 되었다.

웅진코웨이에서의 영업 경험은 나에게 많은 도전과 성취를 안겨주었고, 카드 영업과 보험 분야에서도 수많은 고객과의 만남을 통해 값진 경험을 쌓았다. 이 모든 것이 가능했던 것은 늘 지금, 이 순간에 최선을 다하려는 마음과 실천 때문이었다고 생각한다.

또한, 자녀를 양육하는 과정에서도 '어제 일에 후회 말고 지금에 충실하자'는 원칙이 큰 의미를 가진다. 부모로서 아이들에게 과거의 실수에 매몰되지 말고 매일 최선을 다하라는 메시지를 전하고 싶다. 아이들이 각자의 길을 찾고 성장하는 모습을 보며, 나 역시 현재의 소중함을 느끼고 있다. 그들이 꿈을 이루기 위해 노력하는 모습을 지켜보며, 나도 아이들처럼 현재에 충실하고 더 나은 내일을 위해 힘쓰고자 한다.

이제 보험인으로서의 여정을 시작하며, 나는 더욱 이 좌우명을 마음에 새기고 있다. 보험 산업은 끊임없이 변화하고 발전하는 분야다. 고객의 신뢰를 얻기 위해서는 오늘 주어진 순간에 최선을 다해야 한다. 고객과의 소통 및 그들의 니즈를 이해하는 과정에서 항상 '지금'에 집중하고, 더 나은 서비스를 제공하기 위해 노력할 것이다.

결국, '어제 일에 후회 말고 지금에 충실하자'는 내가 지향하는 삶의 방향성을 제시한다. 매일매일을 소중히 여기고 그 안에서 성장하며 발전해 나가는 것이야말로 진정한 삶의 가치다. 앞으로도 이 좌우명을 기반으로 내 꿈과 목표를 이루기 위해 최선을 다하며 살아가고자 한다.

모두가 이미 지나가 버린 과거에 얽매지 말고 지금이라는 순간에 감사하고 성장하는 행복한 인생을 살길 바란다.

어제일에 후회말고
지금에 충실하자

39. 정 진 화

❏ 소개

유퍼스트 보험마케팅(주) 태화지사 지점장
저서: 정진화의 보장분석이야기

❏ 연락처

1. 이메일: as90090@naver.com

　어릴 시절에 나는 다른 사람들처럼 특별한 재능이 있는 것도 아니고, 주어진 환경도 나를 돕지 않는다는 생각이 종종 들었다. 하지만 그런 순간마다 이 말을 생각하며 이겨내려고 노력했다. '희망을 포기하지 말자, 그 희망이 언젠가 나를 더 큰 사람으로 만들어줄 거야.' 이 말은 그저 스스로에게 건네는 위로가 아니라, 정말로 내 삶을 이끌어가는 힘이 되었다.

　시간이 흘러 결혼하고 가정을 꾸렸지만, 그때도 여전히 내면에서는 더 큰 성장을 갈망했다. 안정적인 가정은 행복했지만, 어느 순간 나 자신이 남편과 아이들 뒤에 숨어버린 듯한 느낌이 들었다.
　진짜 내 삶은 어디로 갔는지, 나는 지금 무엇을 위해 살고 있는지에 대한 고민이 깊어졌다. 그러던 중, 신앙으로는 하나님을 믿고 의지했고 일에 있어서는 보험 영업이라는 뜻밖의 기회가 내게 찾아왔다.

경험이 없었기에 영업이라는 분야는 자신이 없었고, '내가 과연 이 일을 해낼 수 있을까'하는 불안감이 컸다. 다른 사람들에게 상품을 권하고 그들의 신뢰를 얻는 일은 결코 쉬운 일은 아니었기 때문에, 시작할 때 큰 두려움이 앞섰다.

하지만 이 도전 속에서도 나는 희망을 품었다. '이 일에서 성공한다면, 나는 더 나은 사람이 될 수 있을 거야. 이 경험이 나를 크게 성장시킬 거야.'라는 희망이었다.

처음에는 작은 성공과 실패를 반복했었다. 영업은 생각보다 더 많은 인내와 끈기가 필요했고, 때로는 예상치 못한 상황에 부딪히기도 했다. 하지만 매번 그럴 때마다 나는 처음 품었던 희망을 되새기며 스스로를 다독였다.

'큰 희망이 큰 사람을 만든다'라는 좌우명은 단순한 말이 아니었다. 그것은 내가 매일 일어나서 다시 도전할 수 있게 만든 힘이 되어 주었다. 그 작은 희망이 점차 내 안에서 더 큰 목표로 바뀌었고, 그 과정에서 내가 성장하고 있음을 느꼈다.

그렇게 몇 년이 지났다. 나는 보험 영업 분야에서 성과를 내고 지점장 자리까지 오르게 되었다. 경제적으로도 큰 성과를 이루었지만, 그보다 더 중요한 것은 나 자신이 더 단단한 사람이 되었다는 것이다. 지점장으로서 억대 연봉을 달성하고,

팀원들의 성장을 돕는 위치에 서게 되면서 내 삶의 또 다른 의미를 찾게 되었다. 그것은 내가 성장한 만큼, 이제는 다른 사람들도 성장할 수 있도록 돕는 일에 희망을 품은 것이다. 이 모든 여정에서 네가 깨달은 것은 바로 희망이 우리를 이끌어준다는 사실이다.

큰 희망이 큰 사람을 만든다. 희망은 단순한 바람이 아니라 우리를 앞으로 더 나아가게 만드는 힘이 된다. 도전하고 넘어지더라도 다시 일어설 수 있는 용기를 주는 것이 바로 희망이다. 제 인생에서 그랬듯이, 여러분도 각자의 희망을 붙잡고 그 길을 걸어가면 분명 더 나은 자신을 만나게 될 것입니다.

나의 좌우명처럼, 모두가 큰 희망을 가슴에 품고, 매일 조금씩 성장해 나가는 삶을 살아가길 진심으로 응원한다.

김 정 민

40.

❏ 소개

현)설계사
전)이태리요리사
사회복지사2급
1급심리분석사
안전교육지도사

❏ 연락처

1. 이메일: 7004kiss@naver.com

　'재산을 잃은 것은 조금 잃은 것이고, 명예와 지위를 잃은 것은 많이 잃은 것이며, 건강을 잃은 것은 온 세상을 잃은 것'이란 말은 누구나 한 번쯤 들어봤을 이야기다. 그만큼 건강의 중요성은 아무리 강조해도 지나치지 않다. 그럼에도 불구하고 일상생활에서 건강에 대해 진지하게 성찰하거나 건강에 해로운 잘못된 습관에 경각심을 갖는 일은 드물다.

　늘 공기를 호흡하고 살면서도 산소가 부족한 상황에 처해야지만 산소의 중요성을 아는 것처럼 건강치 못한 상황에 맞닥뜨려서야 비로소 절절히 체감하게 되기 때문이다.

　인간 평균수명이 100세를 바라본 지도 오래다. 그러나 늘어난 수명만큼 건강하게 살아가는 행복한 시간이 아니라 질병으로 고통 속에서 하루하루를 보내는 이웃들이 많다.

그로 인해 잘 다니던 직장을 그만두게 되거나 치료를 위해 생업까지 포기해야 하는 경우도 있다. 생업을 포기한 후엔 병원비용을 감당할 수 없어 치료조차 포기해야 하는 악순환의 고리에서 운명을 달리하는 사례도 보았다. 정말이지 건강을 잃고서 온 세상을 잃은 것이다.

사실 건강하게 사는 것은 단순히 말하자면 잘 먹고 잘 자고 잘 싸는 것이다. 이 가운데 한 가지라도 기능에 이상이 생기면 그것은 건강하지 않은 것이다. 몸이 편해야 마음도 편하다. 그렇다면 그 '잘' 먹고 자고 싸는 것은 어떠한 것인가, 진지하게 짚고 궁리해 볼 수밖에 없는 일이다. 인간은 심신을 포함하여 전체적인 유기체이므로 어느 하나의 기능 이상은 다른 기능에도 영향을 미치기에 더욱 그렇다.

바쁘다는 이유로 끼니를 거르거나 인스턴트 음식으로 대충 때우는 일, 회식 또는 야식으로 음주와 기름진 음식을 과식하는 일, 운동과 영양소 부족을 영양제로 대체하는 일, 신체 불편이 생겨도 크지 않아서 방치하는 일, 하루 동안 그리고 밤늦은 시간까지 습관적인 핸드폰의 장시간 사용 등등. 곰곰이 생각하면 그 결과가 뻔히 보이는 데도 보통은 예사로 넘기는 일이 많다. 그러다 나이 먹고 노화가 진행되면 건강에 이상 신호가 켜지고 몸과 마음이 힘들어지고 각종 영양제와 약품들을 끼고 살게 된다. 심한 경우 일상생활 영위 자체가 어려워지고 나서 후회하지만 이미 늦은 경우도 많다.

인터넷, 핸드폰, 유튜브 등에서 쉽게 건강 정보들을 접할 수 있다. 때론 잘못된 정보와 이론도 있지만 어느 정도 과학적 검증을 거친 권장 사항들을 우리는 잘 알고 있다.

되도록 자연에서 나는 제철 음식을 고루 섭취하고, 굴신회전(신체 부위들을 굽히고 접고 펴고 돌리고 움직이는 스트레칭)을 자주 하며, 1주일에 3회 정도는 호흡이 가쁘다 싶을 정도의 중강도 운동을 30여 분씩하고, 야식과 간식을 자제하며 가루로 만든 음식 특히 밀가루 음식과 과도한 탄수화물 그리고 탄산음료를 비롯한 당분 섭취를 줄이는 것이 건강 유지에 도움 된다는 것을 말이다.

문제는 실천이다. 일상생활에서 얼마나 분별하고 실행할 수 있느냐가 건강 유지의 핵심이다. 한 번 무너지면 지키려 해도 지킬 수가 없는 게 건강이다.

한때 웰빙(Well-being), 웰다잉(Well-dying) 웰에이징(Well Aging)이 유행했다. 현대 산업사회가 물질적인 풍요로움 대신에 인간의 정신적 육체적 건강과 조화를 앗아간 데에 대한 반응이다. 이로 인해 잘 먹고 잘 죽고 잘 삶의 영역들에 성찰적 관심을 갖게 된 결과다.

건강은 건강할 때 지키자는 것은 모든 것을 아우르는 웰리빙(Well-living), 곧 잘 살기의 핵심이다. 한때 지나는 유행으로서가 아니라 꾸준한 실천이 뒤따라야 한다는 것은 두말 할 나위도 없다.

5장

생각한 대로 이루어진다

황 진 희

41.

❑ 소개
1. 보험설계사
2. 인카금융서비스 소속
3. 공인중개사 자격증 보유

❑ 연락처
1. 이메일: hjhincar702@naver.com

　내 삶의 좌우명은 '생각한 대로 모두 이루어진다'이다.
　이 말은 인생을 살면서 우리가 원하는 것을 이루는 첫 출발은 생각에서부터 시작하고 이후 실천을 통해서 소원을 이루어 낼 수 있다는 의미다.

　2015년 6월 7일 아버지가 만 57세의 나이에 급성심근경색으로 갑자기 세상을 떠나셨다. 아버지의 죽음은 내 인생에서 가장 슬프고 충격적인 일이었다. 어린 시절 아버지의 사업 실패로 장녀인 나는 우리 집을 경제적으로 돕기 위해 내가 꿈꾸던 계획들은 뒷전으로 미뤄두고 모던바 매장 세 곳을 운영하고 있었다.
　그 일은 경제적인 여유를 가져다주었지만 내가 하고 싶었던 일이 아니었기에 아버지가 돌아가신 해에 운영하던 매장을 모두 접었다. 이후 내가 하고 싶은 일을 해야겠다고 생각했다.

그러다 어린 시절 늘 좋은 엄마가 되고 싶다고 생각했던 기억이 났고 아이를 낳고 싶다는 생각이 들었다. 37세의 나이가 엄마가 되기에 젊지 않은 나이라고 생각했지만 내 성각처럼 누군가를 만나서 임신을 했고 아이를 출산했다.

그러나 5개월부터 아이를 혼자 키우게 되었고 그 아이는 올해 초등학교에 입학했다.

아이를 혼자 키우고 있을 때 남동생에게 상황이 왜 이렇게 되었는지 자초지종을 한참 이야기한 적이 있다. 이야기가 거의 마무리되어갈 때쯤 남동생이 나에게 한마디 했다.

"누나가 생각한 대로 다 됐네."

그때부터 이 말이 내 좌우명이 되었다

부끄러울 수 있는 개인적인 이야기를 하는 이유는 이 이야기를 통해 나의 단순한 생각이 행동하게 했고 지금의 현실이 되는 사례를 말하고 싶었다.

초등학교 1학년인 아이는 너무나 잘 자라주고 있고 세상에서 엄마만 있으면 된다고 이야기한다.

나는 지금 보험설계사 10년 차다. 이 일은 모던바 매장을 운영할 때 다중이용업소 화재배상책임보험 가입이 의무화가 되면서 보험에 대해 알고 싶어서 투잡으로 시작했던 일이 아이를 혼자 키우면서 본업이 되었다.

　최근부터는 늘 생각만 해왔던 개척영업을 하고 있다. 아직은 눈에 보이는 성과가 크게 있지는 않지만, 생각의 힘과 나의 노력이 좋은 결과를 가져올 것이라고 믿고 있다.　또한 내가 먼저 고객들에게 다가가서 보험을 잘 모르는 분들에게 도움을 주고 나 역시 성장할 수 있는 발판이 될 것이다.

　뇌는 우리가 품고 있는 지배적인 생각에 자석처럼 끌려간다. 자석 같은 우리의 마음은 강력한 생각의 힘과 사람과 환경을 끌어당긴다. 그러므로 생각의 힘이란 위대하고 현실을 만들어낸다.

　모두가 생각의 힘으로 원하는 행복한 삶을 살길 바란다.

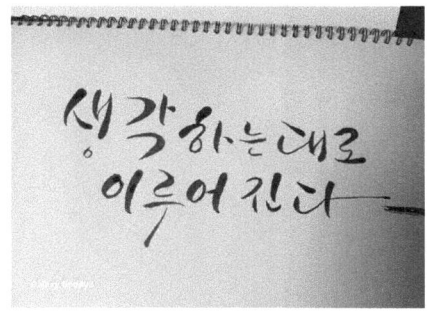

정 영 광

42.

❑ 소개

1. 인카금융서비스 지점장
2. 한국개척영업컨설팅연구소 강사
3. 정영광의 보험바이블 저자
4. 가족해방일지 공저

❑ 연락처

1. 인스타 : https://www.instagram.com/glory_incar8865
2. 네이버 검색 : 정영광

　내 삶의 좌우명은 '한번 한 일은 끝을 맺자.'이다. 이 좌우명은 우리 집의 가훈이기도 하다. 그만큼 나에게 가장 소중하고 정말 내 삶을 좌지우지하는 좌우명이다.
　이 말의 의미는 어떠한 일을 줬을 때 무조건 오래만 하는게 아니라 순간순간마다 최선을 다해서 남들보다는 최대한 끈기가 있게 하자는 것이다. 어떤 일을 시작했으면 그 일을 끝까지 책임지고 마무리하자는 다짐을 담고 있다.
　물론 이 좌우명이 처음부터 잘 지켜지지는 않았다.
　어떤 일을 맡았을 때, 그 결과에 대해 끝까지 책임을 지려는 자세와 행동은 다른 사람들에게도 긍정적인 영향을 미치고, 나 자신을 더욱 발전시키는데 많은 도움을 주었다.

인천에서 태어난 나는 여느 아이들처럼 장난치기를 좋아했고 피아노, 운동, 공부를 특출나게 잘하지 못하더라도 노력을 많이 하는 아이였다. 한글도 잘 모르는 5살 때 부모님은 일도 바쁘고 음악, 교육, 보육을 목적으로 피아노 학원에 나를 보냈다. 어린 마음에 부모님이 열심히 하라고 해서 원장님이 3번 바뀔 동안 학원에서 제일 오래 다닌 원생이 되었다.

시간이 지나면서 피아노 실력이 늘어서 특기가 되었고 전공까지 하게 되었다. 20년 이상 한 가지를 꾸준하고 성시하게 했더니 전문가가 되어있었다.

보험업으로 평범한 급여로 살아오다가 많은 사람이 힘들었던 코로나가 왔다. 다시 한번 좌우명을 떠올리고 이왕 이렇게 된 일 '한번 한 일은 끝을 맺어보자'라는 마음으로 1년 365일 중 단 하루도 쉬지도 않고 일했다. 잠자는 시간도 줄이고 밥 먹을 시간도 아끼며 나름대로 최선을 다했다.

보험 대리점으로 이직하면서 처음 2달 동안 3만 원이 실적이 아닌 내 급여였다. 내 목표는 보이지도 않았고 정말 하루하루 먹고사는 것을 걱정인 시기였다.

하지만 배운 대로 꾸준히 하다 보니 생각보다 성과가 빠르게 잘 나왔다. 내 인생에서 상상도 못 한 급여를 받았고 실적 전국 3위를 했다. 기록을 매달 경신하고 목표해 왔던 아파트, 외제차, 급여 등 모두가 생각한 대로 이루어졌다.

꾸준하게 내 일에 책임감을 가지고 한 결과다. 덕분에 나 표정부터 달라졌고 마음가짐도 항상 긍정적으로 바뀌었다. 주변에 긍정적인 영향을 미치고 그 행복함을 전파하고 남들을 도와주며 함께 같은 꿈을 꿀 수 있도록 성장했다.

인생에서 누구에게나 기회가 온다는 말이 맞다. 각자의 위치에서 꾸준하게 실패를 두려워하지 않고 목표를 설정 후 열리고 긍정적인 마음으로 생각과 행동을 하면 삶은 반드시 달라진다. 새로운 것을 배우며 기회가 찾아왔을 때는 적극적으로 행동하면 지금보다는 더 성장할 것이다.

"기회는 언제 어디서든 찾아올 수 있으니, 항상 준비하고 있자, 당신은 어떤 기회를 꿈꾸고 있는가?"

권은주

43.

❏ 소개
1. 주) 에이플러스엣셋 성공사업단장,(2015~현)
2. 흥국화재 지점장 (2013~2015)
3. 한화생명 PSM (2007~2013)
4. 은선피아노학원 운영(1998~2006)
5. 열린이화 피아노학원운영(1995~1997)
6. 아화유치원교사(1992~1994)

❏ 연락처
1. 메일: energy0511@naver,com
2. 전화: 010-9857-8267

　내 삶의 좌우명은 '집과 일터가 놀이터가 되자.'이다. 이 좌우명은 집과 일터가 놀이터처럼 즐겁기를 바라는 내 마음에서 만들어졌다. 재미있게 일하고 집에서도 행복을 느끼는 소소한 삶을 꿈꾸다 보니 자연스럽게 만들어졌고 어느덧 나는 꿈을 이루었다.

　내가 좌우명을 염두에 두고 살며 꿈을 이룬 것처럼 우리 사원들도 나처럼 원하는 꿈을 이루며 행복하게 살길 소망한다.

　나는 24세 때부터 피아노 학원을 운영했다. 학부모님들의 원하는 바를 잘 헤아렸고 학생들에게는 정서적으로 안정을 주는 행복한 학원을 만들어서 10년간의 행복한 시간을 보냈다.

그러던 중 믿을만한 지인이 모회사에 투자하면 매달 천만 원의 배당금을 준다고 권유해서 학원과 상가를 정리한 매우 큰돈을 투자하게 되었다.
  하지만, 투자한 회사가 1년도 되지 않아 파산하는 바람에 내가 투자한 거액의 현금을 잃고 말았다.

  인생의 첫 실패로 좌절하고 있을 때 지인의 권유로 보험설계 사업을 만나게 되었다. 10년이 넘게 학원장으로 일해왔기에 영업이라고 하면 다소 낯설고 나와 맞지 않을 거란 선입견이 있었다. 하지만 여러 금융 자격증을 하나씩 취득하는 과정에서 성취감을 얻었고, 그때 받은 금융 교육 지식으로 유용한 정보들을 지인들에게 도움을 주면서 큰 보람을 느낄 수 있었다.
  처음엔 지인들에게 말을 꺼내는 게 쉽지는 않았다. 하지만 용기 내어 말을 꺼내고 진심을 다해 좋은 정보들을 함께 나누다 보니 오히려 지인들이 내게 고맙다고 말해주었고 그 과정에서 여러 소개까지도 나오게 되었다.
  이런 내 모습을 보고 보험업에 관심 보이던 여러 사람에게 직업을 알렸고, 그 덕분에 불과 1년 만에 한화생명 부지점장이라는 영업 관리자가 되었다.
  진정으로 이 일을 사랑했기에 지속적으로 나의 스킬을 나누면서 계속 성장할 수 있었고, 지속적인 리쿠르팅(인원 도입)을 통해 성공을 향해 달리는 멋진 드림팀을 만들게 되었다.
  나는 우리 사원들에게 3가지를 선물해 주고 싶다.

첫 번째는 출근 문화! 모두가 출근하는 게 행복하게끔 해주고 싶다. 두 번째는 내가 다니는 회사와 내 사업단에 대해서 큰 자부심을 느낄 수 있도록 만들어주고 싶다. 세 번째는 그들에게 경제적 자유를 만들어 주고 싶다. 그런 드림을 만들기 위해서 나는 관리자와 사원의 상하관계보다 수평적인 관계로 함께 소통하고 힘든 일이 있을 때는 적극적으로 도와주고, 그들에게 꿈과 희망이 되고 싶다.

어느덧 이 업에 뛰어든 지 17년 차에 접어들었다. 하지만 지금도 나는 첫 출근할 때의 그 설렘과 기대감을 잊을 수가 없다. 내가 이룬 것처럼 우리 사원들도, 우리들만이 할 수 있는 대체 불가능한 컨설팅과 착한 마케팅을 통한 고객 중심의 보험인으로 성장하도록 힘쓸 것이다.

그동안 쌓인 스킬과 노하우를 나누어 그들이 누구보다 경제적 자유를 얻어 70~80세가 되어도 출근하고 싶은 놀이터 같은 사무실을 만들기 위해 노력할 것이다.

윤 정 순

44.

❏ 소개
1. 유치원 원장
2. 한국사립유치원 경기도연합회장 역임

❏ 연락처
1. 메 일 : jsyun0910@naver.com
2. H P : 010-8535-9124

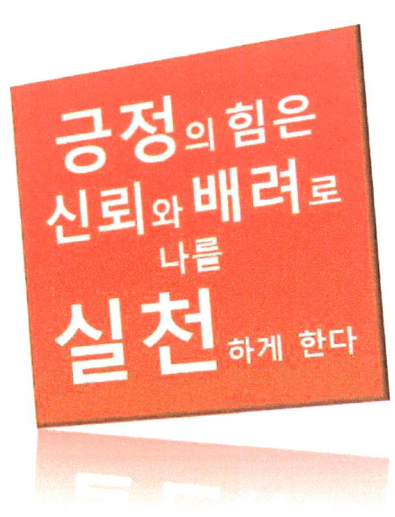

　어느새 내 나이가 60 하고도 5라는 숫자가 더해지는 시점에 와 있다. 나이가 늘어남을 느끼지 않을 것처럼 당당하고 당연한 것으로 늘 그렇게 생각해 왔던 것 같다.

　그러나 60이라는 숫자가 넘어가면서 하나하나 달라지는 건강 상태, 사회생활, 인간관계 등 예상치 못했던 일들이 나타나기 시작하면서 다시금 내 삶을 되돌아보는 계기가 되었다.

　어린 시절 주변에서 "너는 커서 무엇이 되고 싶니?"라고 물으면 거침없이 "선생님이 될래요!" "그리고 학교도 만들 거예요!"라고 이야기했다. 하지만 성장과정에서 선생님이 되는 환경이 편안하게 주어지지는 않았다.

　동네 골목에서 아이들과 놀이할 때 항상 내 또래뿐 아니라 나보다 더 나이가 많은 아이들을 가르치는 선생님 역할을 하면서 놀았었다. 그래서 그런지 결국 나는 유아들을 가르치는 교사가 되었고 사립유치원도 설립해서, 내가 하고 싶은 교육을 하게 되었다.

원을 운영하면서 내 성격상, 문제점이 발견되면 그냥 넘어가기보다 지적하고 내 생각을 관철시키려고 했었다. 나와 다른 부분을 이해하기보다 옳고 그름을 판단하려 했던 것 같다. 그러다 보니 많은 일에서 부정적으로 보는 성향이 주변에 좋은 모습으로 비치지 않았다.

어떤 면에서는 바른말 잘하는, 올곧은 사람이라는 인정도 받았지만 또 다른 면에서는 부정적인 시각이 앞선다는 말도 들었다. 변화를 위해 나를 돌아보았다. 고민과 반성을 하면서 모든 상황의 관점을 부정적으로 보기보다는 긍정적으로 보고자 많이 노력을 했다.

어떤 상황이나 문제가 발생했을 때 부정적으로 보기보다 긍정적인 마음가짐으로 대하고 생각하면 삶의 방향, 관계 형성 등이 훨씬 더 좋아진다. 이런 것을 경험으로 깨달으면서 내 마음도 훨씬 더 편하고 좋아졌고 뿌듯한 행복감을 느낄 수 있었다. 더불어 교육적 여정이 정말 올곧게 관철되는 효과와 철학을 갖게 하는 지침이 되었고 덕분에 신뢰와 배려를 실천하게 되었다.

신뢰란 모든 관계의 시작이자 기초가 된다. 신뢰는 일관된 행동과 정직을 통해 얻어지며, 열린 소통의 경로를 통해 자유롭게, 생각과 고민을 공유할 수 있도록 격려하는 환경에서 성장, 발전한다.

또한 타인을 배려하는 것도 당연한 의무는 아니지만 매우 필요하고 중요하다. 상대방의 입장을 이해와 공감하며 행동하는 작은 배려가 큰 변화를 가져올 수 있다. 긍정적인 마음으로 상호작용을 하면 서로에게 깊은 신뢰와 배려가 더 많이 형성된다고 생각한다.

　65년 중 40여 년의 교육 여정을 지나왔다. 어려운 순간마다 나는 긍정의 힘으로 담대하고 겸허하게 받아들이려 했고, 신뢰와 배려의 가치를 실천하면서 지금의 나로 존재할 수 있었다.

　결국, 긍정의 힘, 신뢰, 배려는 내 삶을 안내해 준 나침반이자 내 교육 여정의 지침이 되어준 소중한 좌우명이다. 교육 인생의 역경 속에서 이 가치들이 나를 지탱해 주었고, 앞으로도 계속 나와 같이할 것이다.

　"행운은 준비와 기회가 만났을 때 일어난다."라는 말이 있듯이 여러분들도 각자의 인생철학 속에서 행복한 삶을 살아가길 응원한다.

구자란

45.

❑ 소개
1. 23년차 문화유산해설가
2. 우리궁궐길라잡이·조선왕릉길라잡이
3. 역사여행작가·평생학습강사·국제도슨트 등
4. 전자책·공동저서·자서전 출판 전문
5. 고종대례의궤·반나절 답사 등 전자책·종이책 10권 출판

❑ 연락처
1. 블로그: https://blog.naver.com/growupgu
2. 인스타그램 : grouwupgu_history_docent
2. 네이버 검색: 구자란(어제보다 더자란 구자란)

　명심보감 중 '행선지인 여춘원지초 불견기장 일유소증'(行善之人 如春園之草 不見其長 日有所增) '행악지인 여마도지석 불견기손 일유소휴'(行惡之人 如磨刀之石 不見其損 日有所虧)이라는 구절이 있다. '착한 사람은 봄에 돋아나는 풀과 같아 보이지 않게 조금씩 더하여지는 것이 있고, 악한 사람은 칼 가는 숫돌과 같아 보이지 않게 조금씩 기울어간다'는 구절을 가장 좋아한다.

　세상이 좋아진 덕분인지, 웬만하면 돈으로 해결할 수 있다. 물론 돈으로 해결할 수 없는 것도 있다. 바로 시간과 노력이다. 시간과 노력은 봄동산의 풀처럼 성장하는 것이 눈에 보이지 않는다. 하지만 시간과 노력은 배신하지 않는다고 생각한다.

　그럼에도 불구하고 수없이 많은 시행착오를 겪으며 한걸음

씩 나아가는 일은 답답하고 힘들다. 잘하고 있는지, 방법도 잘 모르겠다. 남의 떡이 더 커 보인다고, 남들은 시행착오도 덜 겪고 성과도 빨리 얻는 것 같다. 그래서 더 조바심 나고 답답하다. 나 역시 그들 중 하나다. 눈에 보이는 결과를 얻고자 고민하던 때 '날개 달고 훨훨 날아가게 해준다'는 자칭 인터넷 홍보업체의 수강생 모집을 위한 낚시용 줌 강의를 들었다.

  수강 기간은 1년. 1년 안에 날개 달고 훨훨 날아가게 해준다는 약속을 철석같이 믿었다. 나로서는 엄청나게 큰 결심인지라 "대표가 약속한 대로 날개 단 것처럼 훨훨 날게 해 줄 것이라 믿는다. 당신 약속대로 되지 않는다면 십 원짜리 한 장까지 전액 환불해 달라. 환불받을 거다."라고 했다. 반드시 훨훨 날게 해주겠다더니...

  결론부터 말하면 사기와 다름없다. 얼마나 간절한 마음으로 신청하고 돈을 냈는지 생각조차 없었다. 계약 초반 주변에서 평이 좋지 않다며 걱정하는 말들이 들려왔다. 그 걱정들 그대로 '장고 끝에 악수'였다.

  결론부터 말하면 1년간 무료 줌 강의 한 번 진행한 것이 전부다. 직접 만난 적도 컨설팅 관련한 전화 한 통 한 적 없다. 무료 줌강의 이후 '전문적인 책쓰기 클럽을 진행할 것' 등의 계획이 있다기에 믿고 기다렸다.

  1년 동안 1:1 컨설팅이라도 한 번 받았으면 억울하지 않았다. 2백만 원이라는 비싼 수강료 냈다 위안 삼았을 것이다.

  대표가 워렌 버핏도 아닌데 그런 큰돈을 내다니 나 스스로 이해가 되질 않았다. 무얼 보고 그런 목돈을 선뜻 지불했을까 생각해 보니 나의 '간절함'이었다.

2020년을 기준으로 이사 와서 펜더믹 때문에 지금까지 겪고 있는 어려움들을 빨리 이겨내고 자리 잡고 싶었다.

1년여 만에 전화했는데 누군지도 모르더라. 기가 찼다.

'수강생의 수강료가 무슨 돈인지, 돈을 내는 건 내 몫이 아니니 이 비싼 수강료를 어떻게 낼까 하는 쓸데없는 걱정은 하지 말라'던 본인의 말 그대로 어떤 마음으로 어떤 돈을 지불한 것인지는 상관없었던 것이다.

일 년 동안 내가 느낀 비교·좌절·자괴감 등을 돌려줄 수는 없겠지만, 최소한 다시는 나처럼 간절한 이들이 또 다른 '호구가 되지 않도록' 최소한 불명예를 꼬리표로 단다.

한동안 블로그나 인스타 등 sns는 쳐다보기도 싫었고 여전히 나를 탓한다. 사기 친 사람이 아니라 사기당한 사람이 자신을 탓하다 극단적인 선택을 하는 게 이해될 정도다. 일련의 사건을 겪으며 다시 한번 '세상에 공짜는 없다'는 것을 확인한다. 욕심내지 말고 내 호흡에 맞춰 한걸음 한걸음 나의 노력과 시간을 투자해야 한다. 아이가 엎치고 배밀이를 거쳐 기고 걷는 것처럼.

어리석은 나에게 주는 격언이자 경고다. 첫술에 배부르지 않는 것처럼. 세상에 공짜는 없다.

박선주

46.

❑ 소개
1. 삼형제 엄마
2. 거북이영어 대표
3. 하잉RTA 선교회 연구원
4. 전) Toss English 강사 및 교수부장, 그룹장

❑ 연락처
이메일: sunnytntn@gmail.com

　어린 시절의 나는 아주아주 조용한 아이였다. 사람들을 만나면 무슨 말을 해야 할지 몰랐다. 옆집이 작은 구멍가게가 있었다. 7-8살 어린이에게 과자가 가득 쌓여있고 맛있는 빵, 우유, 주스 등이 가득한 구멍가게는 참 즐거운 곳이었다. "이것도 사줘, 저것도 사줘" 지금 우리 아이들처럼 조잘조잘 재잘재잘 가장 시끄러운 곳이 마트다. 하지만 그 시절의 내게 구멍가게는 너무나 어려운 고민의 장소였다.
　부끄러워서 말을 할 수가 없었다. 어머니가 과자 사 먹으라고 몇백 원을 주면 처음엔 신나서 옆집으로 달려가지만 이내 그 자리에 망부석이 되곤 했다. 너무 어릴 때라 정확한 시간은 모르지만 적어도 한 일이십 분을 그 작은 구멍가게 과자 더미 앞에 서서 한참을 뭘 고를까 고민했다. 그러면 주인장 아저씨께서 "뭐 줄까? 뭐든 골라봐..." 하면 내 대답은 "몰라

요." "맘대로여" 이런 대답들이었다. 아니 과자를 사러와서 맘대로 주라니?

 학창 시절에도 내 마음은 모르고 남에 마음에만 집중하며 갈팡질팡 눈치 보고 존재감 없는 그런 아이였다. 지금 돌아보면 참으로 자존감이 없었다.
 그렇게 살아가던 어느 날 운이 좋게 해외에 거주하며 공부하며 살 수 있는 시간이 있었다. 참으로 즐겁고 귀한 시간이었다. 유행과 시선을 따르는 삶이 아닌 내 생각, 마음, 편리를 실현시키는 삶을 처음으로 경험했다. 내가 좋아하는 것들에 관심을 가지며 사는 경험이 시작된 것이다.

 그러던 어느 날 한 영화를 보았다. 죄 하나 없는 귀한 한 사람이 많은 사람의 욕심과 죄악의 군중 심리로 큰 고통과 고난을 받으며 죽게 되는 슬프고 충격적인 이야기였다. 그런데 그 이야기 속에서 소리 지르고 선동하는 사람들 뒤에 눈치 보며 선동 당하는 사람들 속에 있는 나를 발견했다. 그 죄 없는 한 사람을 진짜 죽인 건 나 같다는 생각이 들며 그동안 눈치 보며 내가 없이 살아왔던 내 삶이 얼마나 죄 많은 삶인지 단번에 깨닫게 되었다.
 그날 이후 나는 주변의 시선과 유행, 분위기 등 나를 옥죄던 많은 것들로부터 자유로워져갔다. 내 마음과 생각에 더 집중하게 되었고 내 안에 'No!'가 있다면 주변에 상관없이 선택하지 않는 용기가 생겨났다. 삶에 힘이 가득 실리게 되었다..

토끼와 거북이 이야기 속 거북이는 토끼와의 경쟁에서 성실함으로 이긴 것이 아니라고 한다. 거북이는 이미 당연히 질 줄 알았던 토끼와의 경주에 승낙을 한 이유는 이 레이스를 완주하고자 하는 '나만의 목표'가 있었기 때문이다. 그래서 거북이는 토끼의 비아냥댐과 주변의 우려와 걱정에도 불구하고 경주를 응할 수 있었고 자신만의 속도로 열심히 달려낸 결과 목표인 완주도 할 수 있었다. 덤으로 토끼를 이기는 승리의 결과도 얻을 수 있었다.

각자의 삶에 집중하고 내 삶의 속도를 잘 안다면 우리는 아무도 늦거나 실패하지 않는다. 나답게 자신의 속도를 지키며 끝까지 포기하지 않는다면 나만의 성취와 결과는 분명히 올 것이라고 믿는다.

Be You!!(거북이처럼 나답게!)
Slow but, Never late!!(느리지만, 절대 늦지 않은)
Keep your pace!(너만의 속도를 지켜라!)

김미경

47.

❑ **소개**
1. 전) 현대백화점본사 15년근무
   인재개발팀, 신용판매팀, 회원상담실
   (국민연금, 고용보험담당, 백화점신용카드 상담)
2. 전) 삼성생명, DB생명, 교보생명, 한화손해보험 근무
3. 현) 인카금융서비스(주) 린치핀사업단 재직중
4. UN평화모델선발대회 한복모델 인기상 수상
5. 제9차 세계한인여성대회 피날래 궁중한복패션쇼

❑ **연락처**
 이메일: butury2@naver.com

　내 좌우명은 '우상향하는 삶'이다. 인생이란 무엇일까? 어떻게 살아야 인생을 정말 후회 없이 잘 살았다고 말할 수 있을까?

　내 한 몸 잘 먹고 잘 사는 삶이 아닌 내 주변 사람들과 좋은 것을 함께 공유하고 나누는 진정 의미 있고 행복한 삶을 살고 싶다고 나는 늘 생각한다. 이런 생각에서 우상향하는 삶이라는 좌우명을 가지게 되었다.

　나는 하루하루 최선을 다해서 살아가고 어제보다 더 나은 내가 되자고 늘 생각하고 노력한다. 나 자신을 이기는 게 제일 힘들다고 하지만 내가 나를 이겼을 때의 그 뿌듯함과 성취감은 이루 말할 수 없다. 그래서 나는 매일의 루틴을 실행하며 살고 있다.

모두가 알고 있듯이 삶은 계획대로만 흘러가지는 않는다. 나 또한 인생의 폭풍우를 지나고 나서야 가슴 깊이 절절하게 와 닿았던 말씀이 바로 이 말씀이었다. 잠언의 말씀이 "사람이 자기의 길을 계획할지라도 그의 걸음을 인도하시는 이는 여호와시니라"(잠언 16:9) 이 말씀처럼 인생이 딱 그런 것 같다.

　30대 중반에 나는 큰 아픈 시간을 보냈다. 어느 날 허리 통증이 심해서 정형외과 검사를 받았는데 허리는 이상이 없으니 산부인과에 가보라고 했다. 검사 결과 난소와 자궁에 이상 증상이 발견되었고 몇 년에 걸쳐 3번의 수술을 하게 되었다.

　그로부터 몇 년 후 이번에는 엄마가 국가검진에서 위내시경 검사를 받던 중 식도 밑에 상처가 나는 의료사고를 당했다. 엄마는 통증으로 내내 힘들어하다가 이후 갑작스레 천식 진단을 받았고, 연관 질환으로 척스트라우스증후군이라는 희귀 질환인 자가면역질환 진단을 추가로 받았다. 그때부터 다른 병들이 겹치며 많은 수술비가 들어갔다.

　월급은 빤한데 보험 하나 없는 엄마 병원비와 간병비는 고스란히 내가 해결해야만 했다. 어디에도 도움받을 곳이 없던 나는 너무나 절망스러워서 매일 울면서 기도했고 병원비를 구하기 위해 여기저기를 헤맸었다. 그때 처음으로 느꼈다.

　'아~돈이 없으면 이렇게 죽어야 되는구나' 그날 하늘에 떠 있는 별을 보며 정말 서럽게 울었다. 평생 자식들 키우며 일하느라 고생만 한 엄마도 한없이 불쌍했다. 엄마를 그냥 내버려 둘 수 없어서 정말 미친 듯이 방법을 찾았다. 그런 내 모습을 하나님도 불쌍히 보셨는지 엄마는 기적적으로 회복되었고 병원비도 1,300만 원중에서 300만 원만 내고 퇴원을 했다. 지금은 잘 지내신다.

그러나 이게 끝이면 너무나 좋으련만, 지금으로부터 5년 전 아빠도 전립선암 4기에 걸리고 말았다. 병원 항암치료를 시작했고 여러 번의 위급 상황을 겪었다. 예전엔 아픈 가족을 보며 하늘이 원망스럽기도 했지만 지금은 생각을 바꾸어서 긍정의 마인드를 가지고 있다.

이런 상황에서 내가 할 수 있는 것과 이렇게라도 살아계시고 내가 사랑하는 아빠 엄마 돌봐드릴 수 있다는 게 너무 감사했다. 그 위기를 잘 넘기시고 스스로 건강관리를 진짜 잘하고 계셔서 지금은 그저 감사할 따름이다.

지금 나는 평생 직업인 재무 컨설팅과 보험 전문가로 살고 있다. 내가 아픔을 겪어보니 아픈 사람의 심정을 그 누구보다 가슴으로 느낀다. 나 같은 위기를 겪지 않게 하기는 어렵지만 미리 준비하고 대비한다면 조금 더 가볍고 쉽게 넘어갈 수도 있다. 나는 그렇게 도움 되는 삶을 살아가고 싶다. 그게 내가 꾸준히 우상향하는 인생을 추구하는 이유이다.

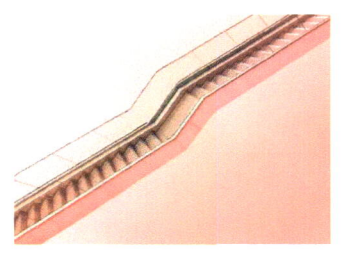

에필로그

  책이 주는 즐거움과 유익함은 간접 경험을 통한 배움과 깨달음이다. 우리는 다른 사람의 인생을 보며 공감하고 위로받고 때론 희망과 용기를 얻는다.

  경험을 용기 있게 나누어준 이은미 조유나 변재희 임려원 김지민 박선희 조경숙 이상심 박준오 문건주 김태진 조대수 조영금 양승권 서원준 양선 이채민 강다희 민진기 문정훈 임종호 조경희 조선자 김지애 김해경 박은란 이대강 박준미 조수현 오순덕 김효승 신화옥 정춘영 조수아 최정애 이성진 진남숙 정진화 김정민 황진희 정영광 권은주 윤정순 구자란 박선주 김미경.
  총 47명의 작가님에게 격려와 응원의 박수를 보낸다.

  모두가 자신만의 좌우명을 가지고 한 번뿐인 소중한 우리의 인생을 가치 있고 행복하게 살아가길 진심으로 바란다.

당신의 좌우명은 무엇인가요?